LES PALAIS PO

Laurent Palet

DU

UVOIR

MILAN

80
ÉTATS-UNIS
OCÉAN ARCTIQUE
OCÉAN ATLANTIQUE NORD
OCÉAN ATLANTIQUE NORD
ANGLETERRE
72
POLOGNE
RUSSIE
44
R. TCHÈQUE
32
48
68
64
60
20
56
36
AUTRICHE
HONGRIE
FRANCE
12
24
40
28
MER NOIRE
ITALIE
52
ESPAGNE
16
8
MER MÉDITERRANÉE
AFRIQUE

Sommaire

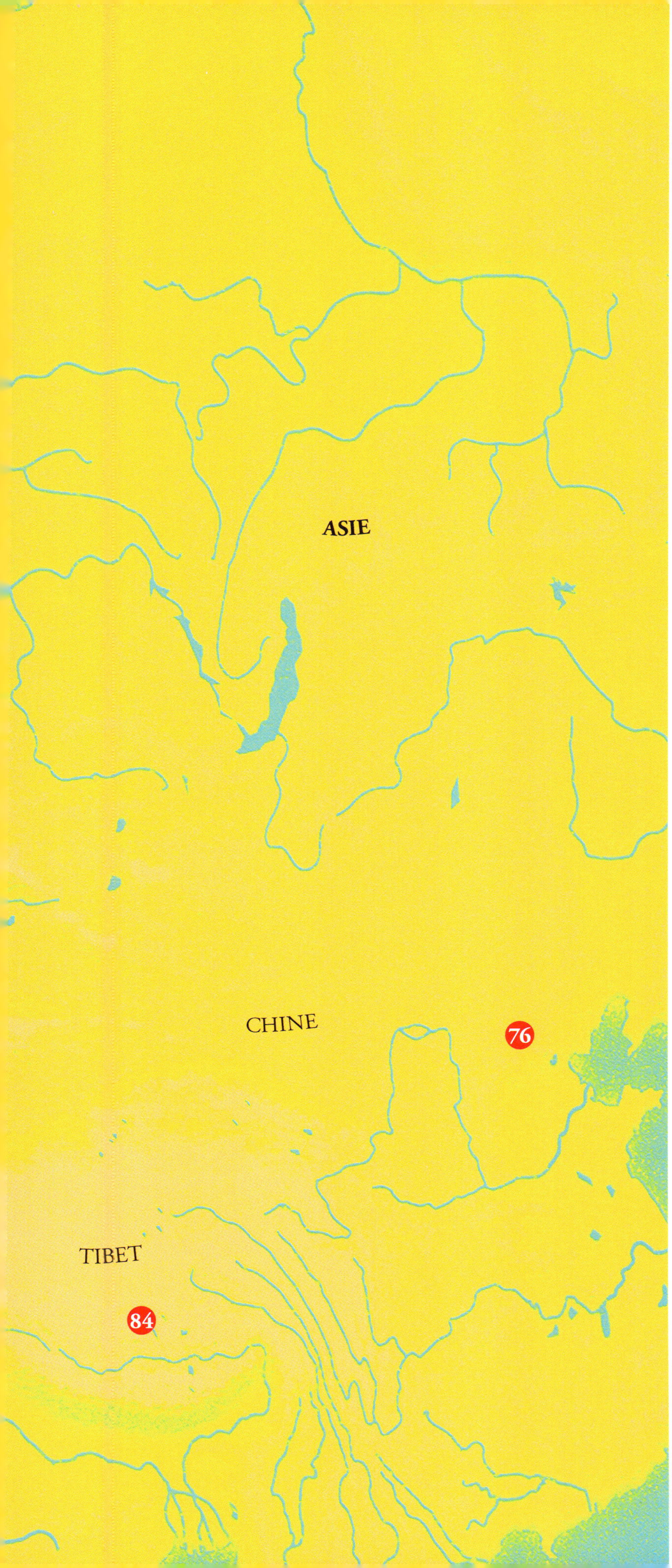

Préambule

À la fois siège et symbole du pouvoir, châteaux et palais ont toujours été le théâtre privilégié des événements qui font l'histoire. Combien de décisions y ont été prises, combien de drames s'y sont joués, qui parfois ont fait basculer en un instant le destin de milliers, ou même de millions de personnes ? Truffé de récits et d'anecdotes en tout genre, ce livre vous propose de partir à la découverte de vingt de ces lieux hors du commun, parfois austères, souvent somptueux, toujours fascinants. Un voyage à travers dix siècles d'histoire qui vous conduira dans plusieurs pays d'Europe, tels l'Espagne, l'Italie, la France ou la Pologne, et dans des contrées plus lointaines, comme la Chine ou les États-Unis. Un voyage d'autant plus passionnant qu'il croise la route de grands personnages à jamais liés à ces lieux. Vous êtes prêts ? Alors, poussez avec nous les portes des palais du pouvoir…

Sicile

Palerme et Roger II

Depuis son beau palais de Palerme, le Normand Roger II a su faire de la Sicile un royaume prospère où des populations d'origines et de religions diverses vivaient en bonne harmonie.

S'il a subi au cours de son histoire des périodes d'abandon et de nombreuses transformations, le Palais des Normands compte, avec sa chapelle palatine, parmi les plus beaux joyaux de l'art arabo-normand.

Roger II devient en 1130 le premier roi de Sicile, avec l'appui et la bénédiction de l'antipape Anaclet II. C'est le fils du comte normand Roger Ier de Hauteville qui, en 1061, a entrepris la conquête de l'île, alors aux mains des Arabes. Vassal du Saint-Siège, unificateur et pacificateur, Roger II va instaurer un modèle politique et culturel des plus originaux, à la croisée du système féodal normand et des civilisations arabes et byzantines, très présentes dans l'île.

Une très longue histoire

De la forteresse au palais

Plusieurs siècles déjà avant notre ère se dressait une forteresse punique en ce lieu où, après leur conquête de Palerme en 831, les émirs arabes décident de bâtir leur résidence, le Qasr. Abandonné un siècle plus tard au profit de la citadelle de la Kalsa, plus sûre, ce palais-forteresse redevient le centre du pouvoir quand Roger de Hauteville s'y installe après la prise de la ville par les Normands, en 1072. Le comte entreprend alors de profonds travaux d'aménagement et d'embellissement dans le style arabo-normand, dont sa tolérance en matière religieuse permet l'épanouissement. Grand amateur de luxe et de beauté, le raffiné Roger II poursuivra l'œuvre de son père, dotant notamment la demeure royale de sa sublime chapelle palatine, parfait mélange des styles siculo-romain, arabe et byzantin.

Avec ses merveilleuses mosaïques faites d'émail et de feuilles d'or collées sur des tesselles de verre, la chapelle palatine est le véritable joyau du Palais des Normands.

Quand Garibaldi entre au palais

Dans la nuit du 5 au 6 mai 1860, Giuseppe Garibaldi et 1 087 « chemises rouges » embarquent à Gênes pour la Sicile, où une insurrection a éclaté contre les Bourbons du royaume des Deux-Siciles engagés dans une guerre sans merci avec les patriotes italiens. Trois semaines plus tard, les « Mille », soutenus par la population révoltée, entrent dans Palerme. Après plusieurs jours d'âpres combats, en particulier aux abords du Palais des Normands, les troupes royales abandonneront Palerme le 6 juin. Très symboliquement, l'un des premiers actes de Garibaldi sera de faire célébrer une messe dans la chapelle palatine et d'y revêtir les habits des rois normands. Mais c'est bien sous l'autorité du premier roi d'Italie, Victor-Emmanuel II de Savoie, le plus apte selon lui à réaliser la tant espérée unité nationale, que cet ardent républicain placera la Sicile.

Giuseppe Garibaldi et ses troupes combattant dans les rues de Palerme.

Complexe mais efficace

Sous le règne de Roger II, le Palais des Normands est au cœur d'une administration centrale. À sa tête se trouve le roi, assisté dans les provinces d'officiers, d'émirs et de magistrats en charge des domaines financier et judiciaire. Au palais, c'est le français qui est parlé, mais selon la communauté à laquelle ils s'adressent, les actes de la chancellerie sont écrits, en français, en grec ou en arabe, ou bien dans les trois langues à la fois ! Il faut croire que le mode de gouvernement hybride et inédit mis en place fut apprécié et efficace : Roger II n'a dû, semble-t-il, faire face à aucune révolte, et son règne correspond pour la Sicile à une période de puissance et de prospérité.

Une cour internationale

Le chroniqueur médiéval Hughes Falcand, raconte que dans le bâtiment « étaient installés des matrones, des petites filles, des eunuques attachés au service du roi. Dans le même édifice, on découvrait de nombreuses autres pièces tels de petits palais où le roi avait l'habitude de s'entretenir secrètement avec ses familiers des choses du royaume, ou encore de recevoir des personnages dignes et influents pour parler des affaires publiques… » Quant à la cour, elle était à l'image du mode de gouvernement adopté par Roger II : éclectique. C'est ainsi que s'y côtoyaient lettrés, poètes et savants latins, grecs et arabes. Parmi eux le géographe arabe Al-Idrisi, arrivé à Palerme en 1139 à l'invitation du roi, qui y rédigera son *Divertissement pour celui qui aime à parcourir le monde* (ou *Livre de Roger*), l'un des plus grands ouvrages de cartographie du Moyen Âge.

Grandeur, décadence et renouveau

Le temps de la splendeur, pour le palais royal, fut bien celui durant lequel les Normands régnèrent sur la Sicile. Car, à la fin du XIIe siècle s'amorce un lent déclin lorsque l'île échoit à la dynastie germanique des Hohenstaufen. Le palais, siège de la chancellerie, fait dès lors surtout office de centre administratif. Durant les périodes angevine, puis aragonaise de la Sicile, il passe plus encore au second plan, Palerme ayant perdu son statut de capitale. Mais il retrouve son rang de véritable lieu du pouvoir quand, au XVIe siècle, l'île passe aux mains de la couronne d'Espagne. Il devient alors la résidence du vice-roi, nommé par le roi d'Espagne. Les vice-rois successifs vont adapter l'antique château à leurs besoins. C'est à eux que l'on doit, pour une bonne part, l'aspect actuel du palais des Normands, devenu, en 1947, le siège de l'Assemblée régionale de Sicile.

La belle cour Maqueda, au cœur du palais, doit son nom au vice-roi espagnol qui l'a fait édifier à la fin du XVIe siècle.

Avignon et Clément VI

À la fois forteresse et somptueuse demeure, le Palais que les papes d'Avignon – et surtout le plus fastueux de tous, Clément VI – se sont bâti était digne de rivaliser avec ceux des plus puissantes cours d'Europe.

Né Pierre Roger (1291-1352), élu pape en 1342, le Français Clément VI est aussi prodigue que son prédécesseur, Benoît XII, était austère. Fin diplomate, très engagé dans les affaires du monde, érudit et brillant, amoureux des arts et même… galant homme, cet ancien chancelier de France n'a eu de cesse d'imposer – et de mettre en scène – le pouvoir pontifical. C'est lui qui, en 1348, a acheté Avignon à la reine Jeanne, comtesse de Provence.

« La plus belle et la plus forte maison du monde » : c'est ainsi que le chroniqueur Jean Froissard, au XIVe siècle, définissait le Palais des Papes, sommet inégalé de l'architecture civile gothique.

Rival des palais royaux

Les papes s'installent à Avignon

En ce début de XIVe siècle, les incessantes intrigues locales qui agitent Rome ont rendu la vie véritablement impossible pour les papes. Aussi, le Français Clément V choisit-il de se fixer dans la propriété papale du Comtat Venaissin, qui jouxte le royaume de France. En mars 1309, il entre solennellement dans la toute proche cité d'Avignon, propriété du comte de Provence. C'est avec son successeur Jean XXII, élu en 1316, que la papauté s'installe durablement dans la ville.

Dans sa chambre, le pape dormait, bien sûr, mais donnait aussi parfois des audiences. La décoration de cette pièce a été réalisée vers 1336-1337.

Un somptueux palais tout neuf

En 1334, Benoît XII fait raser l'ancien palais épiscopal, où résidaient jusque-là les papes, et édifier à sa place une véritable forteresse. Mais cette froide demeure, propice à la vie monastique, est jugée par Clément VI « le Magnifique » indigne des souverains pontifes. C'est que, dit-il, « nos prédécesseurs ne surent pas être papes » ! Aussi décide-t-il dès son élection de bâtir un « palais neuf » à côté du « palais vieux » de son prédécesseur. Une « tour de la Garde-Robe » et deux nouveaux corps de bâtiments sont ainsi élevés qui viennent fermer, au centre, la superbe Cour d'honneur. Si l'aspect extérieur de l'ensemble, très martial, ne change guère, il en va tout autrement de l'intérieur, somptueusement décoré par une équipe d'artistes dirigés par les Italiens Simone Martini puis Matteo Giovannetti.

Les fresques de la chapelle Saint-Martial, située dans la tour Saint-Jean, ont été réalisées vers 1345 sous la direction de Matteo Giovannetti.

Clément VI, protecteur des Juifs

Fin 1347, la peste noire fait son apparition à Marseille, avant de se répandre dans toute la Provence et le Languedoc. Les hypothèses vont alors bon train pour expliquer l'origine de ce terrible mal qui en cinq ans fera au moins 20 millions de morts dans toute l'Europe. Bientôt commence à courir le bruit, insensé, selon lequel les Juifs seraient à l'origine du fléau. Des milliers d'entre eux sont alors sauvagement assassinés dans l'Empire germanique et dans la péninsule ibérique. Pour tenter de mettre fin à ces massacres, Clément VI publie, en juillet et septembre 1348, deux bulles en vertu desquelles il place les Juifs sous sa protection et menace d'excommunication quiconque porterait la main sur eux. Hélas, d'autres tueries auront lieu...

La plus belle cour d'Europe

Sous le pontificat de Clément VI, la papauté d'Avignon connaît son apogée. Il faut dire que le souverain pontife, dont le sacre, somptueux, s'était déroulé en présence de milliers de personnes, donne d'innombrables fêtes et cérémonies religieuses. À une époque où les papes veulent s'imposer comme de véritables chefs d'État, Clément VI a de quoi se réjouir : sa cour est à n'en pas douter la plus brillante d'Europe. Mais une telle prodigalité n'ira pas sans conséquences : à sa mort, en 1352, les caisses de l'Église sont vides.

Le schisme de 1378

Le 17 janvier 1377, soit plus de quatre mois après son départ d'Avignon, Grégoire XI arrive à Rome. C'en est bel et bien fini de la papauté avignonnaise, pense-t-on alors... Le 27 mars 1378, le souverain pontife meurt et l'élection de son successeur réveille de vieilles dissensions politico-religieuses.
Le 18 avril voit l'élection d'un nouveau pape, Urbain VI. Mais le collège des prélats, s'élevant contre les conditions du vote, élit dès le 20 septembre un second pape, Clément VII, qui repart pour Avignon. Le Grand Schisme d'Occident est consommé. Il divisera officiellement l'Église jusqu'en 1417. Entre-temps, trois autres « antipapes » succéderont à Clément VII en Avignon. Cela vaudra au Palais des Papes d'être, à deux reprises, longuement assiégé par des troupes fidèles au « vrai » pape, celui de Rome.

L'antipape Clément VII (1342-1394) élu et soutenu par les Francais, reçoit des ambassadeurs au palais d'Avignon.

Moins célèbre que la Cour d'honneur mais situé lui aussi à l'intérieur du palais, le cloître de Benoît XII est des plus austères.

Séville et Pierre Ier

Pierre Ier le Cruel a considérablement embelli l'Alcazar de Séville. Il y a passé une grande partie de sa vie, fort mouvementée et à l'issue tragique.

Le palais édifié par Pierre Ier est une véritable merveille de l'art mudéjar, mélange d'art chrétien et d'art musulman. Ici, le splendide salon des Ambassadeurs, cœur politique du palais.

Fils d'Alphonse XI de Castille et de Marie-Constance de Portugal, Pierre Ier de Castille naît en 1334. Il monte sur le trône de Castille et de León en 1350. Durant son règne, il mène une politique autoritaire, n'hésitant pas à user de moyens expéditifs pour se débarrasser de ses ennemis, réels ou supposés. D'où son surnom de « cruel ». En butte à d'innombrables rébellions et guerres, il compte parmi ses pires ennemis les enfants que son père a eus de sa maîtresse, Leonor de Guzmán. Pierre Ier meurt d'ailleurs en 1369 de la main de l'un d'entre eux, Henri de Trastamare, qui, trois ans auparavant, l'a destitué et s'est fait couronner sous le nom d'Henri II.

Un haut lieu de l'Espagne

Un chef-d'œuvre de l'art arabo-musulman

Bâti sous le règne de l'émir de Cordoue Abd al-Rahman II à partir de 844 et très endommagé durant la Reconquista, l'Alcazar de Séville sera, au cours de son histoire, considérablement modifié par les souverains chrétiens. Alphonse X le Sage, notamment, y fait bâtir un palais gothique, par la suite presque entièrement remanié par Charles Quint. Mais les aménagements les plus spectaculaires restent ceux réalisés sous le règne de Pierre le Cruel. Après y avoir installé sa maîtresse Maria de Padilla (il a fait enfermer sa femme, la Française Blanche de Bourbon, juste après l'avoir épousée), il y fait édifier par les meilleurs artisans mauresques de Grenade et de Tolède un somptueux palais, véritable bijou de l'Alcazar.

C'est dans le magnifique patio de las Doncellas, ou cour des Demoiselles, qu'avaient lieu les grandes réceptions organisées par le roi.

Heureux événements à l'Alcazar

Résidence royale durant de très longs siècles, l'Alcazar de Séville n'a pas seulement été le théâtre de drames. C'est entre ses murs que Jean d'Aragon, fils des Rois catholiques Ferdinand II d'Aragon et Isabelle Ire de Castille, fut conçu et vit le jour le 28 juin 1478. C'est également à l'Alcazar que se déroula, le 11 mars 1526, le somptueux mariage de Charles Quint, empereur du Saint-Empire romain germanique et (entre autres !) roi d'Espagne, avec sa cousine germaine, l'infante Isabelle de Portugal... Depuis 1931, l'Alcazar n'est plus propriété de la couronne d'Espagne, mais la famille royale continue d'y résider lorsqu'elle séjourne à Séville.

Le roi d'Espagne Alphonse XIII et les siens à l'Alcazar de Séville en 1920.

La triste fin de la favorite

Si Pierre Ier est aussi attaché à Séville et à l'Alcazar, c'est peut-être parce qu'il y a passé son enfance au côté de sa mère, reléguée comme lui au second rang par son père qui vivait avec sa maîtresse et leur nombreuse progéniture. C'est aussi à l'Alcazar qu'après la mort d'Alphonse XI, en 1350, la reine outragée entreprit de se venger de sa rivale, désormais privée de protection, en l'y faisant enfermer. Mais cet emprisonnement n'empêcha pas Léonor de continuer à œuvrer en faveur de ses propres enfants. Aussi, la reine Marie la fit exécuter en 1351... Cet assassinat, on s'en doute, ne pouvait manquer d'exciter l'antagonisme entre les « bâtards » d'Alphonse XI et son seul fils légitime, Pierre Ier...

La coupole du salon des Ambassadeurs, dans lequel les Rois catholiques auraient accueilli Christophe Colomb à son retour du Nouveau Monde.

La terrible vengeance du roi

À l'Alcazar de Séville a eu lieu une des nombreuses tragédies qui ont émaillé l'incessante lutte de pouvoir entre Pierre Ier et ses demi-frères. Le 29 mai 1358, l'un d'entre eux, Fadrique de Castille, s'y rend à l'invitation du roi. Il ne court a priori aucun danger : s'il a pris part aux côtés de son frère Henri de Trastamare à la rébellion contre Pierre Ier, celui-ci lui a accordé son pardon. En apparence du moins… Alors qu'il s'apprête à quitter le palais après y avoir présenté ses hommages au roi, qui l'a accueilli tout sourire, Fadrique est assailli, dans la cour, par des soldats ayant reçu l'ordre de le tuer. Selon certaines sources, Pierre aurait lui-même achevé le malheureux d'un coup de poignard. L'année suivante, le roi fera assassiner deux autres de ses demi-frères, Jean Alphonse et Pierre Alphonse de Castille, tous deux adolescents.

L'Alcazar renferme également d'immenses et célèbres jardins. D'origine arabe, ils ont connu de nombreuses transformations au fil des siècles.

Tête de pont de la route des Indes

Symbole du pouvoir politique, l'Alcazar aura également été, durant plus de deux siècles, au cœur de la phénoménale puissance économique de l'Espagne. Alors que débute la conquête des Amériques, les Rois catholiques créent à Séville, en 1503, une administration destinée à contrôler et administrer l'ensemble du commerce avec les nouveaux territoires. D'abord installée dans les arsenaux de la ville, cette Casa de contratación est rapidement transférée dans les dépendances de l'Alcazar. Ses fonctionnaires sont chargés d'inspecter tous les navires, équipages et passagers en partance pour les Indes espagnoles, de délivrer les licences, d'enregistrer les cargaisons et de percevoir les droits de douane. Il en est de même pour tous les bâtiments qui reviennent du Nouveau Monde, les fonctionnaires encaissant au passage la part qui revient à la couronne, soit 20 % des marchandises ! En 1717, la Casa de contratación sera transférée à Cadix, avant d'être supprimée en 1790.

Vincennes et Charles V

Se dressant aux portes de Paris, le château de Vincennes a compté parmi les principales résidences des rois de France. Charles V a fait de ce lieu sa seconde capitale. C'est à lui que la bâtisse doit son célèbre donjon, ses fortifications et sa magnifique Sainte-Chapelle.

Doté de sa propre enceinte, le donjon de Vincennes est une architecture dite « militaire » ; à droite, le pavillon du Roi édifié à partir de 1654 par Louis le Vau pour Louis XIV.

Aguerri à l'exercice du pouvoir pour avoir été régent durant la captivité de son père Jean II le Bon en Angleterre, Charles V le Sage (1337-1380) est sacré roi de France en 1364. Fin diplomate et grand stratège, il réussit durant son règne à reconquérir la quasi-totalité des territoires cédés aux Anglais depuis le début de la guerre de Cent Ans et parvient à restaurer l'autorité de l'État, redonnant ainsi tout son prestige au royaume de France.

Un lieu aimé des rois

La Sainte-Chapelle avec le pavillon de la Reine et la cour royale.

Une vue de l'enceinte du château.

Politique et familial

La résidence royale de Vincennes semble avoir vu le jour sous le règne de Louis VII, au XIIe siècle. Mais il faut attendre celui de saint Louis, au XIIIe siècle, pour qu'elle devienne la résidence des souverains la plus courante après le palais de la Cité à Paris. C'est d'ailleurs sous un chêne de Vincennes que saint Louis rendait la justice… Comme lui, ses successeurs fréquentaient assidûment le manoir royal. On y venait pour exercer le pouvoir, bien sûr, mais la champêtre Vincennes, était également un lieu où résider en famille. Ce n'est donc pas un hasard si Jeanne de Bourgogne y a donné naissance au futur Charles V.

Une célèbre prison

Très tôt, le donjon de Vincennes a servi de prison d'État et vu passer bon nombre d'illustres détenus. Henri de Navarre, futur Henri IV, y a été emprisonné en avril 1574 après sa participation au complot des malcontents, qui visait à le faire évader de la cour. Suivront, au fil des siècles, Henri II de Condé, le cardinal de Retz, Nicolas Fouquet, le marquis de Sade (qui y passera sept ans), Mirabeau, Armand Barbès, Auguste Blanqui… Le donjon ne perdra définitivement sa fonction carcérale que durant la seconde moitié du XIXe siècle.

Le grand projet de Charles V

C'est Charles V qui, d'un manoir aujourd'hui disparu, va faire de Vincennes une cité fortifiée particulièrement utile en ces temps troublés, compte tenu de la courte distance qui la sépare de Paris. Après dix ans de travaux, le puissant donjon et son enceinte sont achevés entre 1370 et 1371. Mais sans doute le roi juge-t-il le système encore insuffisant : alors que les plans originaux ne le prévoyaient pas, il fait édifier une grande enceinte autour de la résidence. Dès lors, le château de Vincennes joue un rôle défensif important.
C'est également une véritable cité administrative.
Mais le grand projet architectural de Charles V ne s'arrête pas là. En 1379, il lance le chantier de la Sainte-Chapelle qui est destinée, comme celle du palais de la Cité, à accueillir une part des reliques de la Passion acquises autrefois par saint Louis. Hélas, le roi s'éteint l'année suivante. La Sainte-Chapelle, dont les travaux seront longtemps interrompus, ne sera finalement inaugurée que bien plus tard, en 1552.

Trop austère

Les successeurs de Charles V continuent à venir plus ou moins souvent à Vincennes. Mais les temps changent, et avec eux les goûts des souverains. L'austère donjon finit par montrer ses limites en matière de confort. En 1470, Louis XI se fait construire à l'intérieur de l'enceinte un grand pavillon. Lequel sera plus tard agrandi et embelli par François Ier pour y accueillir l'empereur Charles Quint… qui ne viendra jamais.

Bâtie selon le plan traditionnel des chapelles castrales, la Sainte-Chapelle est un des plus beaux exemples du gothique flamboyant.

Grandeur et décadence de la résidence

Le château de Vincennes vivra sa dernière heure de gloire au début du règne de Louis XIV. Désireux de s'installer à l'écart de Paris, le roi y fait entreprendre, entre autres grands travaux d'aménagement, la construction de deux pavillons. C'est là que, peu après la célébration de leur mariage à Saint-Jean-de-Luz, le 9 juin 1660, le roi et son épouse Marie-Thérèse d'Autriche séjourneront avant leur entrée triomphale dans Paris. Vingt-deux ans plus tard, la cour s'installera définitivement à Versailles. Le château de Vincennes sera, dès lors, progressivement abandonné…

Le duc d'Enghien y est mort

Début 1804, la police arrête les instigateurs d'un complot visant Bonaparte, alors Premier Consul. L'un d'entre eux, le Chouan Cadoudal, révèle au cours des interrogatoires que ses complices et lui attendaient, pour agir, l'arrivée d'un prince de sang royal. Selon Bonaparte, le prince en question ne peut être que Louis Antoine de Bourbon-Condé, duc d'Enghien, connu pour sa détermination à ramener les Bourbons sur le trône de France. Aussi, le 15 mars, sur ordre du Premier Consul, des soldats français franchissent le Rhin et enlèvent le duc dans le grand-duché de Bade, où il vit exilé depuis plusieurs années. Le prisonnier est conduit directement au château de Vincennes. Il y arrive le 20 mars. Jugé sommairement le soir même par un conseil de guerre, il est condamné à mort et exécuté, à deux heures du matin, dans les fossés du château. Assassinat pour les uns, exécution légale pour les autres, la fin tragique du dernier des Condé marquera un tournant dans la marche de Bonaparte vers l'Empire.

Exécution du duc d'Enghien (1772-1804), le 21 mars 1804 à Vincennes.

Urbino et Frédéric III de Montefeltro

Arrivé au pouvoir dans des circonstances pour le moins obscures, Frédéric III de Montefeltro a fait du palais ducal d'Urbino, en Italie centrale, l'un des plus hauts lieux de la Renaissance.

Fils illégitime de Guidantonio da Montefeltro, Fréderic III (1422-1482) est le deuxième duc d'Urbino. Fin politique et homme d'armes comptant parmi les plus célèbres des *condottieri*, ce grand mécène a su faire de sa cour l'une des plus raffinées d'Italie et l'un principaux foyers de la culture humaniste. Il meurt en combattant les armées papales et vénitiennes à la tête des troupes du duc de Ferrare.

Le palais ducal s'intègre parfaitement dans la petite ville d'Urbino : il la domine sans pour autant l'écraser. À l'opposé des forteresses médiévales, il a été conçu par Frédéric de Montefeltro de manière à favoriser la libre circulation des hommes et des idées.

Une ville en forme de palais

Meurtre au palais

Lorsque le seigneur d'Urbino Guidantonio da Montefeltro s'éteint, en février 1443, c'est son premier fils légitime, Oddantonio, qui lui succède. Deux mois plus tard, le jeune homme se voit concéder le titre de duc par le pape Eugène IV. Il n'a alors que 16 ans, mais déjà ses jours sont comptés. Car il se rend très rapidement impopulaire, imposant à ses sujets de lourds impôts. De plus, ses mœurs sont réputés dissolues et il a choisi de s'entourer de conseillers issus du cercle de Sigismond Malatesta, ennemi juré de Frédéric et de la noblesse d'Urbino... Dans la nuit du 22 au 23 juillet 1444, des hommes pénètrent dans le palais ducal, défoncent la porte des appartements d'Oddantonio et tuent deux de ses conseillers. Le jeune duc tentera en vain de se cacher puis d'implorer la pitié de ses agresseurs : il recevra deux coups de poignard avant d'être achevé à la hache. Les corps des trois victimes seront jetés par les fenêtres du palais et traînés en place publique...

Quand César Borgia s'empare du palais

Fils et successeur de Frédéric III, Guidobaldo Ier de Montefeltro est un prince pacifique, aimé de ses sujets et, comme son père, protecteur des arts et des lettres. De plus, il s'est toujours comporté loyalement envers le pape Alexandre VI. Aussi ne se méfie-t-il pas quand César Borgia, fils de celui-ci, lui annonce son intention d'attaquer la petite ville de Camerino, située non loin de son duché. Guidobaldo va même jusqu'à réparer les routes de son territoire pour permettre le passage des troupes, et à fournir du ravitaillement. Mais en réalité, les plans de César Borgia sont tout autres. Le 20 juin 1502, il s'empare par surprise de la citadelle de Cagli, qui garde l'entrée du duché d'Urbino, envahi au même moment en deux autres points par ses troupes. Le lendemain, Guidobaldo, déguisé en paysan, s'enfuit par les collines. Plus rien n'empêche dès lors César d'entrer en conquérant dans la ville d'Urbino et de s'installer dans le palais ducal.

Frédéric au pouvoir

Frédéric a-t-il commandité l'assassinat de son demi-frère, officiellement victime de la vindicte populaire ? Comment expliquer qu'à une époque où nouvelles et personnes circulent lentement, Frédéric et ses troupes se soient déjà trouvés au pied du palais ducal à l'aube du 23 juillet, alors que ces dernières stationnaient à 35 km de là, à Pesaro ? Toujours est-il que le jour même, Frédéric se voit proclamé nouveau seigneur d'Urbino et signe une convention prévoyant l'amnistie des conjurés. Il faut croire toutefois que l'Église aussi nourrit alors de sérieux soupçons à son égard : elle ne l'investira officiellement duc d'Urbino que trente ans plus tard, en 1474. Trente ans, soit le délai de prescription prévu par le droit romain dans un cas de meurtre comme celui d'Oddantonio...

Entièrement recouvert de marqueterie en trompe-l'œil, le studiolo, cabinet personnel du duc, est la pièce la plus célèbre et la plus admirable du palais.

La grande salle du palais, avec son plafond caractéristique, était destinée aux cérémonies et aux festivités données par le duc.

Nicolas Machiavel à Urbino

Le duché d'Urbino prestement conquis, il est temps pour César Borgia de régler son contentieux avec Florence, coupable à ses yeux de n'avoir pas respecté le traité qui lui allouait une confortable pension de *condottiere*. Et c'est ainsi que le 24 juin 1502, deux Florentins font leur apparition au palais ducal : Francesco Soderini, évêque de Volterra, et un certain Nicolas Machiavel qui, s'il n'a que trente-trois ans, a déjà eu l'occasion de se faire remarquer par ses talents de diplomate. Au cours des entretiens qu'ils auront avec lui, tous deux seront profondément impressionnés par l'incroyable brio de César Borgia... qui, quelques années plus tard, servira de modèle au célèbre *Prince* de Machiavel.

Nicolas Machiavel dans son cabinet de travail.

Le merveilleux palais du duc

Le palais bâti par Guidantonio avait des dimensions modestes. Une dizaine d'années après son accession au pouvoir, Frédéric entreprend, à côté, la construction d'une nouvelle demeure. De l'immense chantier sortira une des plus belles résidences de la Renaissance, où afflueront les plus grands artistes et hommes de lettres de l'époque, ainsi que des architectes, ingénieurs, artisans… Véritable modèle de la demeure princière du temps de l'humanisme, elle suscitera l'admiration de tous et contribuera grandement à accroître la renommée de Frédéric. Mais celui-ci ne pourra pas mener son projet grandiose tout à fait à son terme, et les travaux encore en cours seront interrompus à sa mort.

Le palais ducal abrite aujourd'hui l'un des plus importants musées sur la Renaissance italienne.

Le Vatican et Jules II

Enclavé au cœur de Rome, le Vatican est à la fois un pays, une capitale, un palais, une basilique, un haut lieu spirituel catholique et un musée. Le très entreprenant pape Jules II a grandement œuvré à sa splendeur.

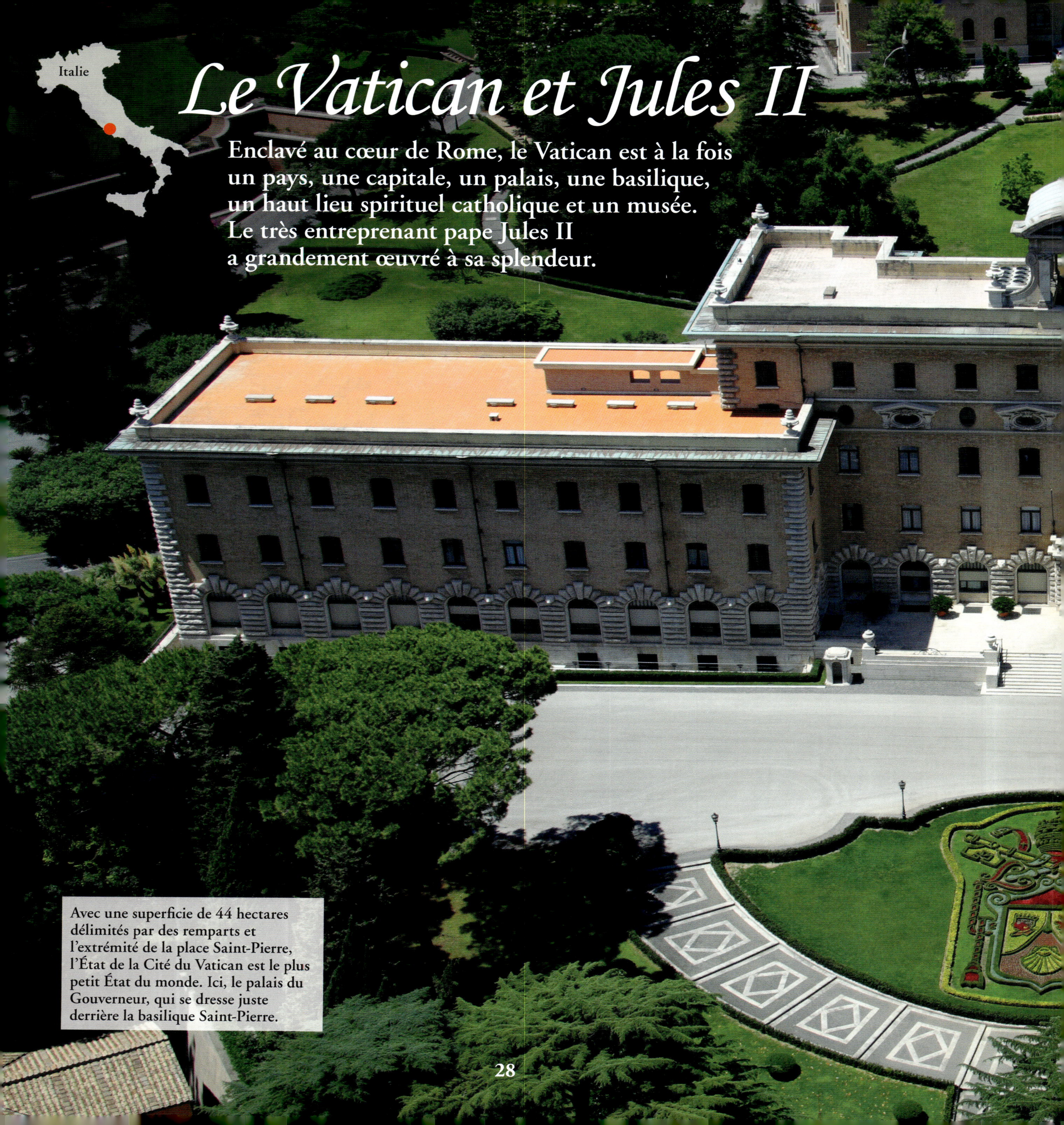

Avec une superficie de 44 hectares délimités par des remparts et l'extrémité de la place Saint-Pierre, l'État de la Cité du Vatican est le plus petit État du monde. Ici, le palais du Gouverneur, qui se dresse juste derrière la basilique Saint-Pierre.

Ancien archevêque d'Avignon, Giuliano della Rovere (1443-1513) est élu pape sous le nom de Jules II en 1503. Connu pour sa rudesse et son énergie, il n'a de cesse, durant son pontificat, de faire du Saint-Siège la plus grande puissance d'Italie. Quitte pour cela à marcher lui-même à la tête des armées pour combattre la république de Venise auprès du roi de France Louis XII dans la ligue de Cambrai… puis pour chasser Louis XII d'Italie au sein de la Sainte Ligue. Bien plus homme politique qu'homme de religion, Jules II compte aussi parmi les plus grands mécènes de la Renaissance italienne.

La résidence des papes

Les plus grands artistes réunis

Depuis le VIe siècle, une résidence pontificale, plusieurs fois reconstruite, s'élève sur la colline du Vatican, non loin de la basilique Saint-Pierre que l'empereur Constantin a bâtie autour de la tombe supposée de l'apôtre. Mais c'est au palais du Latran, bien à l'abri derrière les murs de Rome, que les papes résident principalement durant tout le Moyen Âge. En fait, il faut attendre leur retour d'Avignon, à la fin du XIVe siècle, pour qu'ils se fixent définitivement au Vatican. Durant les siècles suivants, les papes feront appel aux plus grands artistes de leur temps pour agrandir et embellir le palais apostolique. C'est ainsi que Jules II commandera à Raphaël la décoration des *Stanze* et à Michel-Ange, avec lequel il entretiendra des rapports houleux, celle de la voûte de la chapelle Sixtine.

Bâtie à la fin du XVe siècle, la célébrissime chapelle Sixtine est le lieu où, à la mort d'un pape, les cardinaux se réunissent en conclave pour élire son successeur.

La renaissance de Saint-Pierre

Tout à sa volonté d'asseoir la puissance de l'Église et de faire de Rome la capitale de la chrétienté, Jules II entreprend d'innombrables travaux dans la Ville éternelle qui, de cité aux dimensions modestes, deviendra en quelques décennies une véritable métropole. Surtout, c'est lui qui lance enfin le grand projet caressé depuis plusieurs décennies par ses prédécesseurs : reconstruire la basilique Saint-Pierre pour en faire une église plus grande, plus moderne et réellement digne de son statut de basilique pontificale.

L'immense baldaquin baroque qui se dresse au-dessus du maître-autel de la basilique Saint-Pierre est l'œuvre du Bernin. Il a été réalisé entre 1624 et 1633.

Le sac de Rome

C'est sans doute l'épisode le plus noir de l'histoire du Vatican. En 1527, en représailles à l'alliance du pape Clément VII et du roi de France François Ier, les troupes de Charles Quint déferlent sur l'Italie. Le 6 mai, des milliers de lansquenets, mercenaires allemands impayés depuis des semaines et désormais incontrôlables, pénètrent dans Rome. Le pape réussit à se réfugier dans le château de Saint-Ange en empruntant le passage secret aménagé dans la muraille qui relie celui-ci au Vatican. Quant à la Garde suisse, elle résiste héroïquement pendant des heures, mais finit par céder devant le nombre. Durant des mois, les lansquenets, déchaînés, mettront la Ville éternelle à sac et occuperont le Vatican, où ils causeront d'innombrables dégâts. Le pape, lui, capitulera le 6 juin mais sera retenu prisonnier au château Saint-Ange. Il s'en échappera sept mois plus tard…

Conçu par Michel-Ange, le gigantesque dôme de la basilique Saint-Pierre culmine à plus de 136 mètres de haut.

La réalisation d'un rêve

En 1505, le souverain pontife ordonne la destruction du vénérable édifice constantinien. Et le 18 avril 1506, il pose la première pierre de la nouvelle basilique, dont la construction a été confiée à l'architecte Bramante. Jules II ne verra jamais l'aboutissement de son rêve : enfin achevée après des décennies de travaux, la basilique, qui restera durant des siècles la plus grande église du monde, ne sera consacrée qu'en novembre 1626, par Urbain VIII.

Les gardes du corps du pape seront suisses !

Valeureux, fidèles, très bien organisés, efficaces, invincibles… Depuis longtemps, les mercenaires helvétiques jouissaient en Europe d'une excellente réputation qui, dès le XVe siècle, avait conduit plusieurs papes à faire appel à leurs services. Ce sont donc eux que Jules II va choisir pour assurer la garde du Vatican et de sa personne. Le 22 janvier 1506, cent cinquante soldats helvétiques placés sous le commandement du capitaine lucernois Kaspar von Silenen pénètrent pour la première fois au Vatican. La célèbre Garde suisse pontificale est née. Cinq siècles plus tard, elle est toujours en activité.

La naissance de l'État du Vatican

En 1861, Victor-Emmanuel II devient le premier roi d'Italie. Mais pour achever l'unification du pays, il lui faut aussi conquérir Rome : la future capitale du royaume d'Italie est encore sous contrôle pontifical. La ville est prise le 20 septembre 1870. Le pape Pie IX se réfugie au Vatican, où il se considère comme prisonnier… Commence alors une très longue polémique sur le statut politique de Rome et les prérogatives du souverain pontife. Elle ne prendra fin qu'avec les accords du Latran, signés le 11 février 1929 entre l'État italien (représenté par Benito Mussolini, chef du gouvernement) et le Saint-Siège. En vertu de ces accords, le pape est reconnu comme souverain de la seule Cité du Vatican. En contrepartie, il reçoit des dédommagements financiers pour la perte des États pontificaux et le catholicisme devient religion d'État en Italie. Ces accords constituent le véritable acte de naissance de l'actuel État de la Cité du Vatican.

Le cardinal Gasparri, secrétaire d'État du pape Pie XI, signant les accords du Latran sous le regard de Benito Mussolini (à sa gauche).

Les gardes suisses photographiés dans la basilique Saint-Pierre.

Cracovie et Sigismond Ier

La colline du Wawel, à Cracovie, est le véritable cœur historique de la Pologne, ainsi que le symbole de l'unité nationale. C'est au roi Sigismond Ier le Vieux qu'elle doit son magnifique château de style Renaissance.

Le château du Wawel s'élève au-dessus de la Vistule. Ses remparts actuels, en brique, ont été édifiés par les Autrichiens au tournant du XIXe siècle.

Grand-duc de Lituanie et roi de Pologne, Sigismond Ier Jagellon le Vieux (1467-1548) a notamment réussi, au cours de son règne, à annexer la Mazovie et à contenir les armées moscovites, en dépit de la perte de Smolensk en 1514. Protecteur des arts, il a également fait de la cour de Cracovie un des foyers majeurs de la Renaissance en Europe.

Sur la colline

Une importance capitale

La colline du Wawel, où le futur roi Boleslas le Vaillant fait édifier un château roman, constitue à partir du XIe siècle le véritable centre politique et administratif de la Pologne. Mais avec sa cathédrale, elle représente aussi l'association du pouvoir séculier et du pouvoir religieux. Et cela d'autant plus qu'après sa reconstruction au XIVe siècle, cette cathédrale sera le théâtre de 37 couronnements royaux (à commencer par celui de Ladislas Ier, le 13 janvier 1320) et le lieu de sépulture des dynasties royales, des grandes familles et des hommes illustres de la nation polonaise.

Comptant parmi les plus belles pièces du château, la salle aux Oiseaux doit son nom aux volatiles en métal qui étaient jadis accrochés à son plafond.

Un palais et une reine… italiens

En 1499, un incendie ravage la forteresse gothique qui avait remplacé le premier château, au XIVe siècle. À quelque chose, malheur est bon… Faisant appel à deux architectes italiens, Sigismond Ier fait élever sur les vestiges un magnifique palais Renaissance. C'est là qu'en 1518, il épouse en secondes noces Bona Sforza, fille du duc de Milan Jean Galéas Sforza. Elle jouera un grand rôle dans l'épanouissement de l'art de la Renaissance en Pologne. Mais dans la monarchie élective qu'est alors la Pologne, elle va aussi, en 1529, réussir à faire élire et couronner « à l'avance » son fils, Sigismond-Auguste, sans l'approbation de la noblesse. Furieuse, et opposée à l'instauration d'une monarchie héréditaire, celle-ci contraindra Sigismond-Auguste, alors âgé de neuf ans, à promettre qu'à l'avenir aucun roi ne serait élu du vivant de son prédécesseur.

Le sobre portail donne donne directement accès à la cour principale du château, qui, avec ses arcades, est un bel exemple d'architecture de style Renaissance.

Aux mains des ennemis

Les rois continueront à y être sacrés et enterrés. Mais la décision de Sigismond III Vasa, en 1596, de transférer la capitale à Varsovie marque le début du déclin pour la colline du Wawel. Au fil des siècles et des aléas de l'histoire, le château est pillé successivement par les Suédois, les Russes et les Prussiens. Puis il tombe aux mains des Autrichiens, qui en font une caserne. En 1905, les Polonais rachètent le Wawel. Hélas, le sinistre Hans Frank, dit le « boucher de la Pologne », est le premier à profiter du début des restaurations : après l'invasion du pays par les armées d'Hitler, c'est au palais royal que s'installe avec ses sbires le gouverneur général nazi de Pologne. Auschwitz, il est vrai, n'est qu'à 50 km de Cracovie… La restauration du château sera reprise et achevée après la guerre.

Le château du Wawel, auquel les restaurations ont rendu toute sa splendeur, est aujourd'hui un des lieux les plus visités de Pologne.

Le traité de Cracovie

Le 8 avril 1525, Cracovie est le théâtre d'un événement historique dont le retentissement dépassera très largement les frontières de la Pologne. Dans la grande rue qui, depuis le palais royal, descend vers la ville, les habitants se pressent pour acclamer le roi sur son passage. Mais la foule est bien plus nombreuse sur la place du marché. C'est là qu'Albert de Brandebourg, grand maître de l'ordre teutonique, vient s'agenouiller devant Sigismond Ier et lui prêter hommage. Par ce geste et en vertu du traité alors signé entre les deux hommes, Albert inféode à la Pologne la Prusse orientale qui, d'un État religieux, devient une principauté laïque. Ainsi s'achève une guerre de trois cents ans entre la Pologne et les chevaliers teutoniques.

Albert de Brandebourg recevant des mains de Sigismond Ier le duché de Prusse, le 8 avril 1525 à Cracovie (tableau de Jan Matejko).

Après le drame, la polémique

Après le tragique accident d'avion qui a coûté la vie au président polonais Lech Kaczynski et à son épouse Maria, le 10 avril 2010, le Wawel s'est trouvé au cœur d'une vaste polémique. Peu après le drame, il est en effet décidé que le président et son épouse seraient inhumés dans la cathédrale du Wawel. Mais ce choix entraîne une levée de boucliers : pour les opposants à ce projet, il n'est pas question de voir le couple reposer auprès des monarques polonais et des héros de la Nation, d'autant que cet honneur n'a jamais été accordé à aucun président polonais. Des manifestations seront alors organisées, mais c'est bien dans la crypte de la cathédrale du Wawel que, le 18 avril, le couple présidentiel sera inhumé en présence de plusieurs milliers de personnes.

Amboise et Charles VIII

Idéalement situé au cœur du royaume de France, le château d'Amboise a été l'une des principales résidences royales au cours des XVe et XVIe siècles. C'est Charles VIII, né et mort dans ses murs, qui en a fait l'un des joyaux du Val de Loire.

Si l'histoire ne l'a pas épargné, le château d'Amboise domine toujours la Loire de toute sa superbe. L'ornementation de son logis royal traduit parfaitement le passage du gothique au style Renaissance.

Devenu roi à la mort de son père Louis XI en 1483, mais placé jusqu'à 1491 sous la tutelle de sa sœur aînée, Charles VIII (1470-1498) a, par son mariage avec Anne de Bretagne, préparé le rattachement du duché de Bretagne à la France. Il a également été l'initiateur des guerres d'Italie. En février 1495, il a ainsi conquis sans difficulté le royaume de Naples avant qu'une vaste coalition ne le prive de ses conquêtes et ne le contraigne à regagner la France. Il est mort accidentellement, alors qu'il préparait une seconde expédition en Italie.

Stratégique et somptueux

Et Amboise devient un château royal

Condamné à mort en 1431 pour avoir comploté contre La Trémoille, favori de Charles VII, Louis d'Amboise est finalement gracié en 1434. Mais il doit renoncer au château d'Amboise, aux mains de sa famille depuis quatre siècles. C'est ainsi que ce lieu hautement stratégique, fortifié et habité depuis l'Antiquité, entre au patrimoine de la Couronne. Elle saura en faire bon usage. Successeur de Charles VII, Louis XI décide ainsi d'en faire la résidence de son épouse, Charlotte de Savoie. C'est donc à Amboise que la reine donnera la vie au futur Charles VIII, le 30 juin 1470. Cette naissance tant espérée sera saluée par une longue procession de flambeaux, depuis le château jusqu'à la ville.

C'est depuis la salle des États, où il réunissait son conseil, que Charles VIII gouvernait le royaume. Cette pièce dotée d'une double nef avec des voûtes d'ogive est la plus grande du logis royal.

Un mariage avorté, un autre réussi

Le dauphin passe son enfance sous haute sécurité derrière les remparts du château. C'est là que, le 22 juin 1482, Marguerite d'Autriche est accueillie et fiancée le jour même au jeune Charles. « Madame la dauphine » n'a que trois ans, mais qu'importe : elle apporte en dot l'Artois et la Franche-Comté ! Finalement, le mariage n'aura jamais lieu : en 1491, Charles VIII répudie Marguerite pour des raisons politiques et réussit le tour de force d'épouser la duchesse Anne de Bretagne… qui, par procuration, avait déjà épousé un an auparavant Maximilien Ier de Habsbourg. La reine séjournera souvent au château d'Amboise mais aussi, à quelques encablures de là, à celui du Clos Lucé. Là même où quelques années plus tard, François Ier installera un certain Léonard de Vinci…

Jean du Barry, seigneur de La Renaudie, en pleine préparation du complot avec d'autres conjurés. De nombreux gentilshommes se trouvaient parmi eux.

La conjuration d'Amboise

En ce début d'année 1560, des gentilshommes protestants rassemblés autour de Jean du Barry, seigneur de La Renaudie, nourrissent un grand projet : enlever le jeune François II au château de Blois pour le soustraire à la tutelle des Guise, farouches partisans d'une politique répressive à l'égard de la religion réformée. Mais ceux-ci ont vent du complot, et le 22 février, ils font transférer le roi et la cour au château d'Amboise, mieux protégé. Qu'à cela ne tienne, les conjurés attaqueront Amboise ! Hélas pour eux, à partir du 10 mars, soit quelques jours seulement avant la date prévue pour l'assaut, ils sont arrêtés par centaines. Le 17, l'attaque du château d'Amboise a tout de même lieu. Mais les assaillants, complètement désorganisés, échouent. Après de sommaires procès, les conjurés seront immédiatement exécutés dans les rues d'Amboise et leurs chefs pendus aux balcons du château. Deux ans plus tard, la France basculera dans les guerres de religion…

La chambre du Roi, ou chambre Henri II, offre un bel exemple de décoration et de mobilier caractéristiques du XVIe siècle.

La mort tragique de Charles VIII

De tous les rois de France, Charles VIII est celui qui a passé le plus de temps à Amboise, où il a continué à séjourner régulièrement même durant les années de guerre. Et si ses successeurs immédiats ont poursuivi son œuvre, ce passionné de culture italienne est à l'origine de la métamorphose qui a fait de l'austère place forte qu'était le château de son enfance une somptueuse résidence royale… où il trouve la mort de la plus curieuse des façons. Le 7 avril 1498, alors que roi se rend avec son épouse au jeu de paume aménagé dans un espace désaffecté du vieux château, sa tête heurte violemment le linteau d'une porte basse. Le choc, dans un premier temps, semble sans conséquence. Mais soudain, le roi vacille et s'effondre. Charles VIII ne se relèvera pas et mourra quelques heures plus tard, à 28 ans seulement.

Voici comment se présentait le château d'Amboise au XVIe siècle. De nombreuses parties de l'édifice, alors en mauvais état, ont malheureusement été démolies au début du XIXe siècle.

Une prison pour l'émir

Le 23 décembre 1847, défait et résigné après quinze années de lutte armée contre le corps expéditionnaire français qui a entrepris la conquête de l'Algérie, l'émir Abd el-Kader se rend aux généraux Lamoricière et Cavaignac. Conduit en France, il est d'abord emprisonné à Toulon et à Pau, puis transféré au château d'Amboise, qui depuis longtemps déjà sert épisodiquement de prison pour les personnalités. Il va y passer quatre ans, en compagnie de sa famille et de sa suite, soit près d'une centaine de personnes. C'est le prince-président Louis-Napoléon Bonaparte lui-même qui, désireux depuis plusieurs années de le faire libérer, viendra le 16 octobre 1852 mettre personnellement un terme à la détention de l'émir. Peu après, celui qui est considéré comme le fondateur de l'Algérie moderne partira pour la Turquie, avant de finir sa vie en Syrie.

Le Palazzo Vecchio et Cosme Ier

Dressant ses créneaux et son beffroi en plein cœur de Florence, le Palazzo Vecchio symbolisait le pouvoir depuis longtemps déjà lorsque les Médicis ont imposé leur suprématie sur la cité. C'est donc tout naturellement que Cosme Ier a choisi d'en faire sa résidence.

La fameuse « torre d'Arnolfo », qui du haut de ses 94 m domine le Palazzo Vecchio, a été édifiée à partir d'une tour qui existait bien avant celui-ci, d'où sa position excentrée dans le plan général de l'édifice.

Descendant de Laurent le Magnifique, Cosme de Médicis (1519-1574) n'a que dix-huit ans quand, en 1537, il est choisi par les Florentins pour gouverner la ville. Il portera le titre de duc de Florence, jusque-là détenu par son oncle Alexandre de Médicis, qui vient d'être assassiné. Autoritaire à la limite du despotisme, le très entreprenant Cosme Ier réformera en profondeur l'organisation administrative de Florence, dont il élargira considérablement le territoire. En 1569, il sera le premier à recevoir le titre de grand-duc de Toscane.

L'âme de Florence

Plusieurs fonctions

Au cours de sa longue histoire, le somptueux palais édifié à partir de 1299 par Arnolfo di Cambio a maintes fois changé de fonction et… de nom. Il est d'abord destiné à accueillir la *signoria* (la « seigneurie »), l'assemblée des prieurs gouvernant la ville ; d'où son premier nom de *palazzo della Signoria* (« palais de la Seigneurie »). Entre 1494 et 1498, il est le siège de la très éphémère République instaurée par Savonarole, avant d'être renommé *Palazzo ducale* (« palais ducal ») quand, en 1540, Cosme Ier décide de s'y installer.

Réalisée au début du XIVe siècle et modifiée par Michelozzo au XVe, la cour d'entrée du palais a été réaménagée en 1565 par Giorgio Vasari.

Quand les plus miséreux prennent le pouvoir

Le 24 juin 1378, les *ciompi* prennent d'assaut le palais de la Seigneurie : particulièrement touchés par la forte récession économique qui frappe alors Florence et leur laisse à peine de quoi vivre, ces petits ouvriers de l'industrie textile entendent ainsi gagner le droit de participer à la vie publique pour défendre leurs intérêts. Ils obtiennent gain de cause avec la nomination, le 21 juillet, de leur chef Michele di Lando au poste de gonfalonier de justice, la plus haute charge du gouvernement communal. Mais di Lando est bientôt « récupéré » par les familles nobles de la ville. Il dirigera lui-même la répression qui, en 1382, mettra définitivement fin à la révolte.

Le palais devient vieux

Vingt-cinq ans plus tard, le duc déménage pour le palais Pitti, sur l'autre rive de l'Arno. Son ancienne résidence devient donc le Palazzo Vecchio (le « vieux palais »). Siège de la magistrature au XVIIIe siècle, l'édifice est choisi pour abriter le Parlement italien lorsque, en 1865, Florence devient la capitale de la toute jeune Italie. Un statut qu'elle perd au profit de Rome en 1872. Dès lors, le Palazzo Vecchio sera partiellement occupé par les bureaux de la mairie de Florence.

Décorée entre 1563 et 1584, la salle des Cartes géographiques et son immense globe constituent un précieux témoignage sur les connaissances des géographes au XVIe siècle.

Cette salle du palais a été décorée par Giorgio Vasari et ses élèves. Elle retrace les hauts faits de la vie de Jean de Médicis, élu pape en 1513 sous le nom de Léon X.

Et le palais devient demeure

L'installation de Cosme Ier dans le palais s'accompagne d'immenses travaux, que le duc confie à Giorgio Vasari (1511-1574). Architecte, peintre, organisateur de festivités et véritable fondateur de l'histoire de l'art, celui-ci va notamment restructurer l'immense salle des Cinq-Cents, construite à l'époque de Savonarole pour accueillir le conseil de citoyens de la ville. Vasari couvrira aussi les parois de cette salle, et de nombreuses autres, de fresques et de toiles à la gloire des Médicis.

Le centre du pouvoir s'étoffe

En 1560, tout à sa volonté de centraliser au maximum le pouvoir, Cosme Ier charge Vasari de construire, au pied du palais ducal, des bureaux destinés à accueillir l'administration du duché. Ainsi vont voir le jour les Offices (*Uffizi*, en italien), destinés à devenir l'un des plus beaux musées du monde. Mais la tâche de Vasari, déjà immense, ne s'arrête pas là. Car le duc, qui vient alors de s'installer au palais Pitti, lui ordonne en 1565 de relier son ancienne résidence à la nouvelle. En six mois seulement, Vasari fait construire entre les deux palais un corridor « aérien » qui traverse les Offices, longe les quais de l'Arno et enjambe le Ponte Vecchio. Dès lors, Cosme Ier pourra se déplacer d'un palais à l'autre sans passer par la rue, et donc en toute sécurité. Depuis ce même couloir, il pourra aussi observer sans être vu tous les faits et gestes de ses sujets…

Deux célèbres prisonniers

Le beffroi du Palazzo Vecchio ne servait pas seulement de tour de guet et de clocher. Des cellules y avaient aussi été aménagées, dans lesquelles ont été enfermés deux célèbres prisonniers : Cosme de Médicis (l'aïeul de Cosme Ier) et Jérôme Savonarole. Arrêté en 1433 pour avoir voulu tenir tête au pouvoir oligarchique en place, le fondateur de la famille des Médicis, qui allait dominer Florence pendant trois siècles, en fut quitte pour un exil forcé. Bien plus tragique sera le sort de l'intransigeant moine qui avait instauré à Florence un régime à la fois théocratique et démocratique. Excommunié en 1497 par le pape Alexandre VI, Savonarole est arrêté en 1498 et condamné à mort comme hérétique et schismatique. Le 23 mai de la même année, il meurt, avec deux de ses partisans, pendu puis brûlé sur la place de la Seigneurie, au pied du palais.

Cette peinture anomyme de la fin du XVe siècle montre Jérôme Savonarole et ses deux compagnons d'infortune conduits depuis le palais jusqu'au macabre bûcher.

Le Kremlin et Ivan le Terrible

Lieu de résidence des tsars et des dirigeants soviétiques, puis du président russe, le Kremlin symbolise à lui seul le pouvoir dans le plus grand pays du monde. Dans ses murs, Ivan le Terrible a laissé libre cours à sa folie et à sa cruauté…

Devenu grand-prince de Moscou à 3 ans et premier tsar de Russie à 16 ans (il est sacré en 1547 en la cathédrale de la Dormition, au Kremlin), le très controversé Ivan IV le Terrible (1530-1584) a laissé des traces profondes dans l'histoire de ce pays. Car si ce tyran sanguinaire et fou a instauré le premier régime despotique et policier russe, il a aussi, par sa politique et ses conquêtes, fait de la Russie une grande puissance, dont Moscou et son Kremlin étaient le cœur.

Derrière ses fameux remparts rouges, le Kremlin abrite plusieurs palais et églises. Ici, de gauche à droite, le Grand Palais, résidence du tsar, les cathédrales de l'Annonciation et de l'Archange-Saint-Michel, et le clocher d'Ivan le Grand.

45

Troubles au palais

Vive la Russie indépendante !

C'est au grand-père d'Ivan le Terrible, le grand-prince de Moscou Ivan III le Grand, qu'il revient d'avoir secoué le joug sous lequel les Mongols tenaient les Russes depuis plus de deux siècles et demi, et d'avoir entrepris l'unification de la Russie. En 1480, il fait pour la première fois reculer une armée mongole, venue réclamer un tribut que le grand-prince refuse de payer. Trois ans plus tard, sur les marches de l'église de la Dormition, au Kremlin, il déchire le traité qui soumettait Moscou au pouvoir tatar, signifiant par ce geste symbolique l'indépendance de la Russie. Durant son règne, Ivan III dotera la forteresse du Kremlin, plusieurs fois reconstruite depuis le XIIe siècle, de ses célèbres remparts en brique rouge, de trois nouvelles cathédrales et de son palais à facettes, bâtis par des architectes italiens.

Se dressant sur la place Rouge juste devant le Kremlin, la célèbre cathédrale Saint-Basile-le-Bienheureux a été édifiée sur ordre d'Ivan le Terrible.

La cruauté du tsar

Ivan IV grandit au Kremlin. Et le climat d'intrigue et de violence extrême qui y règne alors ne sera pas sans conséquences sur la personnalité du prince, constamment habité par la crainte d'être assassiné… À la mort de son père Vassili III, sa mère, Héléna, exerce la régence. Mais elle meurt en 1538, sans doute empoisonnée. Le pouvoir se partage alors entre différentes familles d'aristocrates. Le premier « acte politique » d'Ivan est de faire assassiner, en 1543, le prince Chouiski, qui gouverne Moscou. De nombreux autres assassinats et exécutions suivront. Au cours de sa vie, le tsar, tout à sa volonté de soumettre les élites traditionnelles, éliminera une bonne partie de la noblesse.

Une salle du Grand Palais du Kremlin (bâti entre 1837 et 1851) aujourd'hui dévolu aux cérémonies officielles.

Napoléon au Kremlin

Vainqueur des Russes sur la Moskowa le 7 septembre 1812, Napoléon fait sept jours plus tard son entrée à Moscou, où il a décidé de prendre ses quartiers d'hiver. Mais à sa grande surprise, la ville a été abandonnée par une large part de ses habitants et, surtout, vidée des provisions qu'il espérait y trouver. Le lendemain, l'empereur installe son campement dans l'ancien palais des tsars, au Kremlin. Mais dans la soirée, des centaines de départ de feu se déclarent dans la ville. Plus tard, Fédor Rostoptchine, gouverneur de la ville (et père de la future comtesse de Ségur) niera, sans vraiment convaincre, avoir été à l'origine de l'opération… Quoi qu'il en soit, le 16 septembre, Napoléon doit quitter le Kremlin, menacé par les flammes. Il y est de retour deux jours plus tard et, le 23, il écrira : « Le temps est beau, nous avons fusillé tant d'incendiaires qu'ils ont cessé. » L'Empereur et ses troupes quitteront définitivement Moscou le 20 octobre, non sans avoir partiellement détruit le Kremlin. Commencera alors pour la Grande Armée la dramatique retraite de Russie.

Anarchie au Kremlin

En novembre 1581, dans un accès de folie, au Kremlin, Ivan le Terrible cause la mort de son fils aîné et héritier, Ivan Ivanovitch, en le frappant avec son sceptre… De ce drame découlera, à terme, une longue période de troubles. Car à la mort d'Ivan, en 1584, c'est son deuxième fils Fédor Ier, qui lui succède. Mais il est simple d'esprit. La régence est donc assurée par son beau-frère Boris Godounov, qui devient tsar à son tour à la mort de Fédor, en 1598. Son règne est bientôt menacé par un homme, Dimitri, qui prétend être le fils cadet d'Ivan et que l'on croyait mort… Grâce au soutien militaire de la Pologne, ce « faux Dimitri », un moine du nom de Grégoire Otrepiev, arrive à ses fins : le 21 juillet 1605, il est sacré tsar au Kremlin. Malheureusement pour lui, l'usurpateur ne profite pas longtemps de sa supercherie : il est assassiné, toujours au Kremlin, le 17 mai 1606. Les troubles se poursuivront plusieurs années encore, avec notamment l'apparition d'un… second faux Dimitri ! L'anarchie ne cessera au Kremlin qu'après l'arrivée sur le trône de Michel Romanov, en 1613.

Staline, digne successeur d'Ivan IV

Lorsqu'à la faveur de la révolution d'octobre 1917, les Bolcheviks prennent le pouvoir en Russie, ils redonnent à Moscou son statut de capitale, (dont le tsar Pierre Ier l'avait privée), au profit de Saint-Pétersbourg, en 1712. C'est donc de nouveau dans le secret du Kremlin que se jouera le sort du pays. Grand admirateur d'Ivan le Terrible, Staline, à la tête l'Union soviétique de 1924 jusqu'à sa mort en 1953, saura lui aussi régner par la terreur depuis le Kremlin. C'est là, en sa présence, qu'est signé le 23 août 1939 le célèbre pacte de non-agression entre l'Union soviétique et l'Allemagne nazie, à la grande stupeur de la France et de l'Angleterre, alliées de l'URSS. Ce pacte permettra à Adolf Hitler – déclenchant ainsi la Seconde Guerre mondiale – d'envahir la partie occidentale de la Pologne le 1er septembre 1939, et à Staline de s'emparer de l'est du pays quelques jours plus tard…

Le ministre soviétique des Affaires étrangères soviétique Viatcheslav Molotov paraphant le pacte devant son homologue allemand Joachim von Ribbentrop et Joseph Staline.

L'intérieur du palais des Térems, édifié entre 1635 et 1637.

Prague et Rodolphe II

Préférant régner sur la Bohême depuis Vienne, en Autriche, les Habsbourg ont durant quatre siècles délaissé l'immense château de Prague, centre historique du pouvoir de l'actuelle République tchèque. Rodolphe II a fait exception à la règle, mais son règne a été des plus chaotiques.

Rodolphe de Habsbourg (1552-1612) est le fils de Maximilien II. Couronné roi de Hongrie en 1572, il devient roi de Bohême en 1575, et empereur germanique en 1576 sous le nom de Rodolphe II du Saint-Empire. Cet homme très cultivé rompt délibérément avec la politique de son père, tolérante avec le protestantisme, et fait bientôt preuve d'une grande incompétence en matière de politique, aggravée par de violents accès de dépression. Si bien que peu à peu, le pouvoir lui échappera…

Édifié à partir du règne de l'empereur Charles IV sur la base d'une forteresse datant du XIe siècle, le château de Prague compte en son sein de nombreux édifices, dont la célèbre cathédrale Saint-Guy.

Le palais d'un roi fou

Le jardin secret de l'empereur

En 1526, les Habsbourg héritent des trônes de Bohême et du Saint-Empire romain germanique. Or ces Autrichiens préfèrent largement Vienne à Prague. Laquelle, si elle reste bien sûr la capitale de la Bohême, n'est bientôt plus celle du Saint-Empire. Rodolphe II lui redonne ce statut en y transférant la résidence impériale en 1586. Dès lors, la ville, qui avait vécu un premier âge d'or sous le règne de Charles IV, va connaître une nouvelle ère de prospérité culturelle. Passionné d'art, Rodolphe II se fait aménager dans le château un « cabinet des curiosités » dont on parle alors dans toute l'Europe et où sont exposées des centaines de toiles de maîtres. Également féru de sciences et d'ésotérisme, l'empereur dispose aussi, sous le château, d'un cabinet secret regorgeant d'objets mystérieux…

Crise de pouvoir à Prague

Hélas, Rodolphe II, qui vit en en solitaire dans le château, voit peu à peu son instabilité mentale empirer. Il se montre de plus en plus inapte à gouverner, mais n'accepte pas pour autant de déléguer le pouvoir. Les archiducs habsbourgeois vont l'y contraindre. En 1608, Rodolphe doit ainsi céder la Hongrie, l'Autriche et la Moravie à son frère Matthias. Et en mai 1611, alors qu'il est pratiquement retenu prisonnier dans son château par les troupes de celui-ci, il doit aussi renoncer à la Bohême. Il ne lui reste plus que son titre d'empereur germanique. Un titre que son ambitieux de frère finira malgré tout par obtenir : cinq mois après la mort de Rodolphe, il se fera couronner sous le nom de Matthias Ier, Vienne récupérant alors son statut de capitale du Saint-Empire aux dépens de Prague.

Au XVIIIe siècle, sous le règne de Marie-Thérèse d'Autriche (1717-1780), reine de Hongrie et de Bohême, le château est réaménagé dans le style baroque par l'architecte Niccolò Pacassi.

Un palais pour rois… à la retraite

À défaut d'avoir véritablement eu la faveur des monarques en exercice, le château de Prague aura servi de lieu de résidence à des rois déchus. C'est ainsi que Charles X de France, après deux ans d'exil en Écosse, vient s'y installer avec ses proches, en octobre 1832, à l'invitation des Habsbourg. L'ancien roi de France, que la révolution des Trois Glorieuses avait poussé à renoncer au pouvoir, quittera Prague en mai 1836. Douze ans plus tard, c'est au tour de Ferdinand Ier d'Autriche de venir s'installer avec les siens au château de Prague : empereur d'Autriche, roi de Bohême et de Hongrie (sous le nom de Ferdinand V), ce Habsbourg avait été contraint, à la faveur de la révolution de 1848, à abdiquer au profit de son neveu François-Joseph. Ferdinand finira sa vie à Prague.

Une des grandes façades baroques du château.

De style gothique flamboyant, l'immense salle Vladislav a été construite en 1486, sous le règne de Vadislas IV Jagellon, roi de Bohême.

Une fatidique « tradition »

En 1419, l'hôtel de ville de Prague avait été le théâtre de la défenestration de catholiques par les hussites, ces partisans du prédicateur Jean Hus, qui s'élevait alors contre les abus de l'Église et la domination allemande. C'est au château qu'a lieu la « deuxième défenestration de Prague ». Le 23 mai 1618, alors que les tensions se font de plus en plus vives entre les Tchèques et les Habsbourg, sur fond de dissensions religieuses, une réunion est organisée au palais entre une délégation de protestants et des représentants de Matthias Ier, qui a désigné comme successeur son très catholique cousin Ferdinand de Habsbourg. La réunion tourne au pugilat… au point que deux gouverneurs habsbourgeois et un de leurs domestiques sont jetés par la fenêtre par les protestants. Tombant sur un tas de fumier, les trois hommes sont indemnes. Mais cet épisode tragi-comique aura de très lourdes conséquences, car il finira par plonger l'Europe dans la guerre de Trente Ans. À l'issue de celle-ci, Prague et la Bohême perdront toute indépendance vis-à-vis des Habsbourg, qui y imposeront le catholicisme par la force.

Une visite historique

En 1918, quand la première République tchécoslovaque voit le jour, le château de Prague devient le palais présidentiel. C'est donc dans ses murs qu'en avril 1990 le pape Jean-Paul II est reçu par le président Václav Havel, élu à l'issue de la révolution de Velours qui a mis fin l'année précédente à quarante ans de dictature communiste. Cette rencontre entre l'ancien dissident, laïc, et le souverain pontife, qui effectue là son premier voyage en Europe centrale depuis la chute du mur de Berlin, est restée célèbre : elle symbolise à elle seule l'avènement de la liberté dans l'ancien bloc de l'Est.

Jean-Paul II reçu par Vaclav Havel dans le château de Prague en 1990.

Caserte et Charles de Bourbon

Véritable « Versailles napolitain », le palais de Caserte et ses magnifiques jardins sont nés de la volonté du roi de Naples, l'Espagnol Charles de Bourbon, soucieux de donner à son royaume éclat et prestige.

Charles de Bourbon (1716-1788) est le fils du roi d'Espagne Philippe V. Duc de Parme et de Plaisance, il n'a pas vingt ans lorsqu'il part à la conquête du royaume de Naples, alors aux mains des Habsbourg. Couronné roi de Naples en 1734 sous le nom de Charles VII, il va s'employer à faire de son royaume, après des siècles de domination étrangère, un État indépendant et souverain. Ce despote éclairé est très aimé de ses sujets, mais il les quitte en 1759 lorsqu'il accède au trône d'Espagne. C'est son troisième fils, Ferdinand IV, qui devient alors roi de Naples.

De style néoclassique, l'imposante salle du Trône, la plus grande pièce des appartements royaux, ne sera achevée qu'en 1845 par l'architecte italien Gaetano Genovese.

Le palais de la démesure

Le roi veut son Versailles

Charles rêve de grandeur. Pour affirmer son pouvoir, il souhaite faire bâtir un palais qui, symbolisant son règne, qui rivaliserait de splendeur avec les plus belles demeures royales de son temps, Versailles en tête. Le choix du site s'impose de lui-même : Caserte est à la fois proche de Naples, où se trouve la résidence principale du roi, et suffisamment éloigné de ses côtes réputées très vulnérables aux attaques ennemies. Qui plus est, cette superbe région est très giboyeuse, et le roi est justement un grand passionné de chasse ! C'est l'architecte italien Luigi Vanvitelli qui est chargé d'imaginer le palais et ses jardins. Il se voit également confier la tâche de tracer les plans la nouvelle capitale censée se déployer autour du domaine royal. Ce projet, toutefois, n'aboutira pas.

L'histoire continue

Pour ses prédécesseurs, le palais royal de Caserte constituait surtout une somptueuse résidence de printemps et d'été où étaient organisées des fêtes majestueuses et de grandes parties de chasse. Ferdinand II de Bourbon, lui, en fait sa demeure principale. En c'est d'ailleurs là qu'il s'éteint, en 1859. François II, son fils et successeur, n'aura pas vraiment le temps de prendre possession des lieux : dès 1860, son royaume est envahi par les garibaldiens, puis par les armées de Victor-Emmanuel II de Savoie, futur roi d'Italie. Le palais royal de Caserte passe alors aux mains de la maison de Savoie. Enfin, en 1919, il entre définitivement, par décret présidentiel, dans le patrimoine de l'État italien.

L'époustouflante perspective offerte par les jardins, avec au fond le palais, et au premier plan la fontaine de Diane, son point culminant.

Un gigantesque chantier

Loin de se reposer sur Luigi Vanvitelli, Charles suit de très près l'élaboration des plans de son palais, dont son épouse la reine Marie-Amélie de Saxe choisira personnellement la décoration. Le 20 janvier 1752, jour de son 36e anniversaire, le roi pose la première pierre à l'occasion d'une très solennelle cérémonie qui a lieu en présence de nombreux ambassadeurs et d'une foule immense. Le chantier, qui emploiera des centaines d'ouvriers, de prisonniers et d'esclaves, est censé durer dix ans. Mais les travaux vont beaucoup ralentir après le départ définitif de Charles pour Madrid. À tel point que Ferdinand IV devra attendre 1780 pour pouvoir s'installer au palais, dans lequel les travaux de décoration s'étaleront sur plusieurs décennies encore.

Véritable chef-d'œuvre de Vanvitelli, le grand escalier d'honneur donne accès à la chapelle et aux appartements royaux. Sa volée centrale, qui compte 117 marches, a été taillée dans un seul bloc de marbre.

Caserte et la guerre

Durant la Seconde Guerre mondiale, les forces anglo-américaines, après avoir débarqué en Italie en 1943, font du palais de Caserte leur quartier général. C'est donc là que, le 29 avril 1945, ils reçoivent la reddition des troupes allemandes en Italie. Cet événement marque la fin de la guerre en Italie et la chute définitive de la République sociale italienne du dictateur fasciste Benito Mussolini, exécuté la veille par des partisans dans le nord du pays. D'une guerre à l'autre, le palais de Caserte servira aussi, au tournant du XXIe siècle, de décor pour les deux premiers épisodes de la célébrissime saga *Star Wars*, de Georges Lucas…

Le lieutenant général W.D. Morgan (assis), chef d'état-major du commandant suprême allié en Méditerranée, acceptant la reddition sans conditions des troupes allemandes.

Des chiffres qui donnent le tournis

45 000 m^2 sur 36 mètres de hauteur divisés en cinq étages, 34 escaliers, 1 790 fenêtres – dont 143 pour la seule façade principale qui donne sur une immense cour de parade elliptique –, plus de 1 200 pièces, une chapelle royale, un théâtre, de majestueux jardins qui s'étendent sur 120 hectares… S'il n'y a finalement jamais vécu, Charles n'en a pas moins gagné son pari : à n'en pas douter, son palais de Caserte n'a rien à envier à Versailles ni au palais royal de Madrid ! Joachim Murat ne s'y trompera pas qui, fait roi de Naples par Napoléon en 1808, se prendra d'affection pour cette somptueuse demeure.

Bâti en brique et en travertin, le palais royal de Caserte est un gigantesque édifice rectangulaire s'articulant autour de quatre cours intérieures.

Fontainebleau et Napoléon Ier

La « vraie demeure des rois, la maison des siècles. » C'est ainsi qu'en 1816, depuis la lointaine île de Sainte-Hélène où il a été déporté, Napoléon Ier évoque le château de Fontainebleau. Il n'aurait su dire mieux.

Napoléon Bonaparte (1769-1821) a connu un des plus extraordinaires destins de l'histoire. Son génie militaire et politique permet à ce Corse de petite noblesse de devenir en quelques années Premier Consul puis empereur des Français, et de dominer l'Europe. Mais sa chute est aussi rapide que son ascension fut fulgurante. Vaincu par une vaste coalition européenne, il abdique définitivement en 1815.

Construite sous François Ier, l'immense salle de bal a été achevée sous Henri II par Philibert Delorme. Les fresques et peintures qui l'ornent sont l'œuvre du Primatice, figure majeure du maniérisme italien, et de son élève Niccolò dell'Abate.

L'aile des Ministres a été bâtie à partir de 1530.

« La maison des siècles »

Napoléon sous le charme

Rares sont les châteaux royaux qui, autant que Fontainebleau, portent la marque, dans leur architecture et leur structure même, des monarques qui s'y sont succédé. François Ier puis Henri IV, qui appréciaient particulièrement Fontainebleau pour sa forêt giboyeuse, ont su transformer ce château fort royal du XIIe siècle en une demeure adaptée à leurs besoins et au goût de leur époque. Leurs successeurs aussi y séjourneront à maintes reprises… La première visite officielle de Napoléon Bonaparte date de novembre 1803. Le Premier Consul tombe aussitôt sous le charme de ce lieu « parfaitement convenable », qui va devenir, après Saint-Cloud, sa deuxième résidence de campagne. Tout en cherchant à respecter le plus possible l'architecture antérieure, il y entreprendra de nombreux travaux, au point de faire de Fontainebleau « ce qui se fait de mieux en Europe », à ses yeux.

Aménagée à la demande de Napoléon dans l'ancienne chambre du roi, la salle du Trône de Fontainebleau est la seule en France à avoir été conservée dans son état historique.

Des relations tumultueuses

Napoléon a « accueilli » deux fois le pape Pie VII à Fontainebleau. La première, à la fin du mois de novembre 1804 : quelques jours plus tard, le 2 décembre, le souverain pontife venu de Rome devait sacrer l'Empereur en la cathédrale Notre-Dame de Paris. Le second séjour de Pie VII à Fontainebleau est à la mesure de la dégradation des relations entre les deux hommes au fil des années. Dans la nuit du 5 au 6 juillet 1809, au Vatican, les soldats de l'Empereur enlèvent Pie VII, qui avait refusé d'adhérer au blocus continental contre l'Angleterre. Après avoir été gardé prisonnier à Savone, le pape est conduit à Fontainebleau le 19 juin 1812. Le malheureux souverain pontife y restera détenu jusqu'au 23 janvier 1814, sans jamais quitter ses appartements.

Assassinat à Fontainebleau

Le 10 novembre 1657, alors qu'elle séjournait à Fontainebleau, la reine Christine de Suède y fit assassiner le marquis Gian Rinaldo Monaldeschi, son grand écuyer et favori : elle avait appris qu'il avait espionné sa correspondance et révélé qu'elle projetait de s'emparer du royaume de Naples, alors aux mains de la cour d'Espagne. Sans doute le marquis se méfiait-il, car il avait pris soin d'enfiler une cotte de mailles. Mais cette précaution ne fut pas suffisante : c'est à la tête et à la gorge que frappèrent ses meurtriers, après une longue poursuite à travers le château qui prit fin dans la galerie des Cerfs. Cette affaire d'assassinat – commandité sur le sol français par une souveraine étrangère – embarrassa Louis XIV et la cour, mais Christine de Suède put finalement quitter la France sans dommages…

Déchirants adieux

Au terme de la dramatique campagne de France, et alors même que la coalition ennemie fait son entrée à Paris, c'est à Fontainebleau que Napoléon se réfugie le 31 mars 1814. Le Sénat vote sa déchéance le 2 avril. Deux jours plus tard, Napoléon abdique en faveur de son jeune fils, le roi de Rome. Mais dès le 6 avril, suit une seconde abdication, sans conditions cette fois.
Le 13 avril, Napoléon accepte l'offre des Alliés de se retirer à l'île d'Elbe. Puis vient le moment du départ : le 20 avril, il fait ses adieux à sa garde dans la cour du Cheval-Blanc avant de prendre le chemin de l'Italie… Napoléon ne reverra son cher château de Fontainebleau que pour quelques heures, à son retour de l'île d'Elbe.

L'émouvante cérémonie des adieux de l'Empereur à sa garde a été immortalisée par ce célèbre tableau d'Horace Vernet.

Bâtie entre 1528 et 1530, et décorée par l'Italien Rosso Fiorentino et ses équipes, la galerie François Ier est un éclatant manifeste de la Renaissance en France.

La révocation de l'édit de Nantes

Accords diplomatiques, traités, rencontres au sommet, naissances, mariages, baptêmes, décès… Le château de Fontainebleau a été le théâtre d'innombrables événements historiques. Certains, restés célèbres, auront des conséquences dramatiques. C'est le cas de la signature par Louis XIV de l'édit de Fontainebleau, le 18 octobre 1685. Par ce texte, le Roi-Soleil révoque l'édit de Nantes signé en 1598 par son grand-père Henri IV. C'en est donc fini de la tolérance religieuse dans le royaume. La pratique du culte protestant étant désormais interdite, ordre est donné de démolir les temples et les écoles réformées. Les pasteurs doivent quitter la France, mais les simples fidèles sont contraints d'y rester et d'abjurer, sous peine de galères. Quelque 300 000 personnes s'enfuiront malgré tout à l'étranger. Il faudra attendre un siècle pour que les persécutions contre les protestants cessent en France…

L'Élysée et Louis-Napoléon Bonaparte

Siège de la présidence de la République française et résidence des présidents à compter du premier d'entre eux, Louis-Napoléon Bonaparte, le palais de l'Élysée est un symbole de la France dans le monde entier.

Selon un usage instauré au XIXe siècle par le président Patrice Mac Mahon, c'est dans ce salon, dit des Ambassadeurs, que le chef de l'État reçoit les lettres de créances remises par les ambassadeurs étrangers en France.

Troisième fils de Louis Bonaparte – frère de Napoléon – et d'Hortense de Beauharnais, Louis-Napoléon Bonaparte (1808-1873) essaie, à deux reprises, de s'emparer du pouvoir par la force. Sa première tentative le contraint à l'exil et la seconde lui vaut d'être emprisonné. C'est finalement par la voie des urnes qu'il atteint son but : élu par l'Assemblée en décembre 1848, il est le premier président de la République française. À la faveur d'un coup d'État assorti d'une violente répression, il devient ensuite l'empereur Napoléon III. Déchu en 1870 après la défaite contre la Prusse, il finira sa vie en Angleterre.

Écrasant Élysée

Le palais était appelé hôtel d'Évreux. Son nom actuel lui a été donné par la suite, en référence à la toute proche promenade des Champs-Élysées.

Un vieux palais parisien

Au cours du XVIIIe siècle, le palais connaît de nombreux propriétaires : le comte d'Évreux, pour qui il a été édifié entre 1718 et 1722, la marquise de Pompadour, favorite de Louis XV, le banquier Nicolas Beaujon, la duchesse de Bourbon… Il appartient même, un temps, à la couronne de France, qui le met à la disposition de certains ambassadeurs étrangers, avant que la Révolution n'en fasse, entre autres, un dépôt de meubles. Le palais passe ensuite aux mains de Joachim Murat, puis de Napoléon. Après la chute de l'Empire, l'Élysée fait définitivement partie des biens de la Couronne et sert de nouveau de lieu de résidence aux hôtes étrangers de la France.

Le premier président à l'Élysée

Le 12 décembre 1848, l'Assemblée nationale assigne par décret « l'Élysée national » comme résidence au président de la République. Sans doute craint-elle qu'en installant aux Tuileries Louis-Napoléon Bonaparte, triomphalement élu la veille, celui-ci ne s'imagine roi ou empereur ! Juste après avoir prêté serment devant l'Assemblée, le prince-président fait son entrée solennelle dans le palais, au soir du 20 décembre. L'Élysée étant alors relativement délabré, d'importants travaux seront bientôt entrepris. Ainsi les deux hôtels voisins seront-ils achetés et rasés de façon à agrandir le palais, qui sera ensuite luxueusement décoré et meublé. Dès lors, le président pourra y donner de somptueuses réceptions.

L'arrivée solennelle au palais de l'Élysée de Louis-Napoléon Bonaparte, qui vient d'être proclamé président de la République.

L'abdication de Napoléon

Napoléon Ier apprécie beaucoup l'Élysée, où sa sœur Caroline, lorsqu'elle y résidait avec son époux Joachim Murat, organisait pour lui des rencontres amoureuses. Aussi, une fois Murat fait roi de Naples et contraint à partir sur ses nouvelles terres, l'empereur prend-il possession du palais. Il le nomme sa « maison de santé » car il vient s'y reposer de longues semaines après les batailles. C'est là qu'il se réfugie après la déroute de Waterloo. Et c'est dans le boudoir d'argent de cet « Élysée-Napoléon » que le 22 juin 1815, quatre jours après son ultime défaite, l'Empereur abdique au profit de son fils avant de se rendre aux Anglais. Mais Napoléon II ne régnera pas. Et son père ne reverra jamais son cher Élysée…

Le coup d'État

La Constitution de la IIe République prévoit pour le président un mandat de quatre ans non renouvelable. Or, Louis-Napoléon n'a qu'une crainte : perdre ce pouvoir qu'il a eu tant de mal à conquérir. Il tente d'abord d'obtenir une révision constitutionnelle par la voie des urnes, mais il échoue. Une seule solution s'offre donc à lui : le coup d'État. Le soir du 1er décembre 1851, il réunit discrètement dans le salon d'argent de l'Élysée son frère, le duc de Morny, et quelques conjurés pour leur annoncer que l'heure d'agir est venue. Dans la nuit, des troupes sont déployées dans tous les lieux stratégiques de la capitale. Au matin du 2 décembre, soit 47 ans exactement après le sacre de Napoléon Ier, le prince-président édicte des décrets qui proclament, notamment, la dissolution de l'Assemblée nationale. Le coup de force est en marche... En janvier 1852, alors qu'est promulguée une nouvelle Constitution aux termes de laquelle le président est élu pour dix ans, Louis-Napoléon Bonaparte quitte l'Élysée pour les Tuileries. Le 2 décembre de la même année, il recevra le titre d'empereur des Français, sous le nom de Napoléon III.

Inaugurée en 1889, l'immense salle des fêtes accueille notamment la cérémonie d'investiture des présidents de la République.

« Mariage » de raison

Tous les présidents de la République ont occupé le palais de l'Élysée, même si Auguste Thiers, élu après la chute du Second Empire, n'y a passé que deux mois. Certains y ont apporté des modifications, en fonction de leurs goûts ou de leurs exigences en matière d'organisation. Mais peu, en fait, semblent avoir véritablement apprécié les lieux. Armand Fallières et Émile Loubet en parlaient comme d'« une prison ». Raymond Poincaré, lui, en faisait « la maison des morts », tandis que Paul Deschanel se plaignait de ses « murs écrasants ». Le général de Gaulle non plus n'a pas aimé l'Élysée qu'il assimilait à une « bonbonnière » et dont l'histoire n'était pas, selon lui, à la hauteur de la fonction présidentielle. Il envisagea donc un temps de s'installer aux Invalides ou à Vincennes. Mais finalement, s'accommodant « de ce qui était disponible tout de suite », c'est bien à l'Élysée qu'il élut domicile.

Le Salon doré à l'époque de François Mitterrand. Tous les présidents de la Ve République ont fait leur bureau de ce salon décoré en 1861, à l'exception de Valéry Giscard d'Estaing, qui avait opté pour un bureau d'angle.

La façade baroque du château royal, qui se dresse sur un plateau au-dessus du Danube, s'étire sur quelque 300 m. de long.

Budapest et Étienne de Habsbourg-Lorraine

À l'image de la Hongrie, le château royal de Budapest, plusieurs fois détruit et reconstruit, a connu d'innombrables vicissitudes au cours de son histoire. Étienne de Habsbourg-Lorraine a fait les frais de l'une d'entre elles...

Après la mort de son père l'archiduc Joseph Antoine, Étienne de Habsbourg-Lorraine (1817-1867) devient à son tour comte palatin de Hongrie, en novembre 1847. Mais la révolution qui éclate quelques mois plus tard lui est fatale : désavoué à Vienne par l'empereur François-Joseph qui le juge trop favorable aux nationalistes hongrois, il doit démissionner dès le mois de septembre 1848. Disgracié, il se retirera sur ses terres allemandes, avant de s'éteindre à Menton, en France. Il sera inhumé dans la crypte familiale du château royal de Budapest qui l'avait vu naître et grandir.

Un château aux mille visages

Ballotté par l'histoire

Résidence officielle des rois de Hongrie depuis le début du XIIIe siècle, le château de Buda a été transformé en un superbe palais gothique sous Sigismond de Luxembourg, puis en une somptueuse demeure de la Renaissance sous Matthias Ier Corvin… avant d'être détruit au cours du long siège qui, en 1686, mit fin à un siècle et demi d'occupation ottomane. Au début du XVIIIe siècle, un palais baroque, destiné à abriter l'administration impériale, est bâti à l'emplacement de l'ancien château… mais faute de moyens les travaux de construction sont bientôt stoppés. C'est grâce à une souscription nationale, lancée en signe d'amitié entre le peuple hongrois et la dynastie des Habsbourg – au pouvoir en la personne de Marie-Thérèse d'Autriche – qu'ils reprendront en 1749. Ils s'achèveront vingt ans plus tard.

Une des innombrables salles du palais, avec son décor baroque.

Aujourd'hui, le palais abrite notamment trois grands musées et la Bibliothèque nationale.

La cour de Matthias Ier

Précédé et suivi, sur le trône du royaume de Hongrie, de nombreux monarques étrangers, Matthias Ier Corvin (1443-1490) tient une place très particulière dans l'histoire du pays. Dès son accession au pouvoir, en 1458, il s'installe au château de Buda qu'il va s'attacher à embellir et agrandir. Prince de la Renaissance qui aime à s'entourer de philosophes, de poètes et d'artistes, il fait bâtir dans son palais une somptueuse bibliothèque. Riche de quelque 25 000 livres, c'est alors une des plus grandes au monde. Mais Matthias, dont la cour suscite l'admiration de tous les voyageurs, est aussi un très habile politique et un fin tacticien qui va renforcer le pouvoir royal, créer un État moderne doté d'une armée permanente et faire de la Hongrie une grande puissance. Sa mort sera suivie par un déclin politique du royaume.

La bataille de Buda

Alliée de l'Allemagne, la Hongrie a longtemps été préservée des affres de la Seconde Guerre mondiale. Mais les tergiversations politiques du régime, qui a pris contact avec les Alliés, valent au pays d'être envahi par l'armée allemande le 19 mars 1944. Aussitôt, le château royal de Buda devient le siège de la Kommandantur. La terrible mise au pas du pays peut alors débuter. Mais le 1er janvier 1945, au prix de combats acharnés, l'armée soviétique fait son entrée dans la capitale. Les Allemands, eux, se sont réfugiés sur la colline du château. Terrible, la bataille de Buda ne prendra fin que le 13 février, lorsque les Soviétiques viendront enfin à bout des derniers SS. En partie détruit par les bombardements, le château ne sera reconstruit qu'à partir des années 1960.

Le dôme du château a été reconstruit en 1961 par l'architecte Laos Hidasi d'après des modèles baroques italiens.

Au cœur de la révolution

En mars 1848, comme dans bien d'autres pays d'Europe, le Printemps des peuples fleurit en Hongrie. Sous domination de l'Autriche des Habsbourg, les Hongrois entendent bien obtenir de profondes réformes du système politique et économique. Grâce à l'appui de l'archiduc Étienne, ils parviennent à leurs fins, quand, en avril, l'assemblée hongroise se voit accorder par l'empereur Ferdinand V le droit de former un gouvernement indépendant. Hélas, Vienne fait bientôt machine arrière, et la révolution – jusque-là non violente – va tourner à la guerre d'indépendance. En septembre, l'armée impériale pénètre à Buda et à Pest (deux villes distinctes à l'époque), et reprend les rênes du pouvoir. Mais la résistance hongroise s'organise et avance à son tour vers Buda et son château, gardé par 4 000 soldats impériaux. Le 21 mai 1849, les troupes hongroises réussissent enfin à l'emporter après plusieurs semaines de siège et de bombardements. Les Impériaux sont vaincus. La joie des Hongrois, toutefois, sera de courte durée : leur défaite militaire, le 13 août à Világos, sonnera le glas de leur rêve d'indépendance.

Le dernier couronnement

Successeur de François-Joseph, son petit-neveu Charles Ier n'a jamais été couronné empereur d'Autriche, ni roi de Bohême. Mais il a bien été couronné roi de Hongrie, sous le nom de Charles IV. C'est au matin du 28 décembre 1916 que le nouveau souverain et son épouse, Zita de Bourbon-Parme, font leur entrée solennelle à Budapest et se rendent au palais royal. Là, peu après leur arrivée, Charles signe le « diplôme inaugural ». Rédigé par le parlement hongrois, ce document résume les obligations du monarque envers la Constitution. Plus tard dans la journée, c'est au tour des gardiens de la couronne de Hongrie de faire leur apparition au palais pour y apporter les insignes royaux. Le sacre, le dernier qu'ait connu la Hongrie, aura lieu deux jours plus tard en la proche église Saint-Thomas.

La prise du château de Buda par l'armée hongroise, en mai 1849.

Vienne et François-Joseph Ier

Résidence historique des Habsbourg, le palais de la Hofburg, à Vienne, a été pendant des siècles le centre névralgique du Saint-Empire romain germanique, puis de l'Empire d'Autriche. François-Joseph Ier y a régné durant 68 ans.

Depuis 1945, le palais de la Hofburg abrite notamment la résidence officielle du président fédéral de la république d'Autriche.

Empereur d'Autriche et roi de Hongrie, François-Joseph Ier (1830-1916) s'attache à rétablir l'ordre et l'autorité de l'État. Durant les premières années de son règne, il gouverne de manière autoritaire, en monarque absolu. Cependant, plusieurs échecs en politique extérieure l'incitent bientôt à rétablir le régime parlementaire et à essayer de répondre aux exigences des différentes nationalités composant son empire. Celui-ci sera finalement dissous à l'issue de la Première Guerre mondiale, deux ans seulement après sa mort.

Le palais des Habsbourg

Au cœur de l'empire

L'histoire du palais impérial de la Hofburg commence au XIIIe siècle avec celle du règne des Habsbourg sur l'Autriche. Un règne de six siècles au cours desquels les souverains ne cessent d'agrandir la petite forteresse initiale pour en faire un gigantesque complexe asymétrique composé de 18 ailes et 10 cours ! Une ville dans la ville, en somme, que les Habsbourg, à partir du XVIIIe siècle, désertent généralement les beaux jours venus pour leur non moins somptueuse résidence d'été, le château de Schönbrunn. À la Hofburg, c'est dans l'aile de la Chancellerie que François-Joseph décide d'installer ses appartements privés et son administration. Il y résidera jusqu'à sa mort, occupant une vingtaine de pièces « seulement » sur les quelque 2 600 que compte le palais !

Un bourreau de travail

Conscient au plus haut point de ses devoirs de chef d'État, François-Joseph n'est pas de ceux qui se laissent aller aux plaisirs de la cour et à l'oisiveté. Debout dès trois heures et demie du matin, il s'attelle à la tâche dès cinq heures, dans son cabinet où il consacre plusieurs heures par jour à la gestion et à l'organisation de son immense empire. Sa journée de travail ne s'achève que tard dans la nuit après les innombrables dîners, réceptions et autres bals officiels organisés à la Hofburg. En outre, deux fois par semaine, l'empereur accorde des audiences au cours desquelles il peut recevoir successivement, en un après-midi, jusqu'à cent personnes venues lui exposer un problème, le remercier, lui demander grâce…

Conçue par l'architecte Johann Bernhard Fischer von Erlach, la Bibliothèque nationale est l'une des institutions installées au sein du gigantesque palais de la Hofburg.

Le Congrès de Vienne

C'est à Vienne, et à la Hofburg, que s'est joué le sort de l'Europe post-napoléonienne. À partir du mois de septembre 1814, têtes couronnées et diplomates affluent de tout le continent vers la capitale autrichienne. Là, pendant de longs mois, ils partageront leur temps entre réunions de travail et conférences, mais aussi concerts et bals offerts notamment à la Hofburg, où le tsar Alexandre Ier réside durant le congrès. Celui-ci s'achève officiellement le 9 juin 1815 avec la lecture et la signature de l'acte final dans l'immense salle de cérémonie du palais impérial. La bataille de Waterloo, fatale à Napoléon, n'aura lieu que neuf jours plus tard. Mais ses adversaires ont déjà redéfini les contours de l'Europe.

Cette gravure du XIXe siècle montre tous les grands d'Europe rassemblés à l'occasion du congrès du Vienne.

Un palais que Sissi n'aimait pas

Plus que sur les champs de batailles, c'est par une très rigoureuse politique de mariages « stratégiques » que les Habsbourg ont constitué leur immense empire. D'ailleurs, la devise de l'empereur Maximilien Ier de Habsbourg n'était-elle pas : « Que les guerres soient menées par les autres ; toi, heureuse Autriche, marie-toi » ? Le mariage de son lointain descendant François-Joseph a lieu le 24 avril 1854. La cérémonie est somptueuse et la mariée, Elisabeth de Wittelsbach, d'une grande beauté. La jeune femme, mieux connue sous son surnom de Sissi, disposera naturellement de ses propres appartements au palais royal. Mais la Hofburg ne sera jamais à ses yeux qu'une prison dorée, dont elle n'aura de cesse de s'évader, d'abord en se réfugiant à Schönbrunn, puis en entreprenant d'incessants voyages loin de Vienne.

Ce portrait de Sissi trône aujourd'hui en bonne place dans cette pièce des appartements où vivait l'impératrice lorsqu'elle résidait à la Hofburg.

Cette pièce au décor sobre fut la chambre à coucher de François-Joseph de 1857 jusqu'à sa mort, en 1916.

Hitler à la Hofburg

Le matin du 12 mars 1938, les troupes allemandes pénètrent en Autriche sous les vivats de la population : l'Anschluss, l'annexion de l'Autriche par l'Allemagne nazie, est en marche. Dans l'après-midi, Adolf Hitler entre à son tour dans le pays qui l'a vu naître. L'accueil est triomphal. Le 14 mars, des dizaines de milliers de personnes se pressent pour acclamer le Führer à son arrivée à Vienne où, trente ans plus tôt, il avait mené une vie de bohème… Le lendemain, « clou du spectacle », Hitler prononce un grand discours depuis un balcon de la Hofburg. « J'annonce au peuple allemand l'accomplissement de la mission la plus importante de ma vie », pourront entendre les quelque 250 000 personnes enthousiastes rassemblées sur la Heldenplatz (la place des héros). Officiellement annexée, l'Autriche est désormais l'Ostmark, la marche de l'Est du Reich.

Buckingham Palace et George VI

Résidence officielle de la monarchie britannique à Londres, le somptueux Buckingham Palace est, à ce titre, l'un des hauts lieux du Royaume-Uni. Le courageux George VI, homme de devoir, y poursuivit son travail alors même que les bombes allemandes pleuvaient sur la ville…

Donnant sur le Victoria Memorial (au premier plan), la façade principale du palais de Buckingham, avec au centre son célèbre balcon, n'a été édifiée sous sa forme actuelle qu'en 1913.

C'est sans y avoir été préparé qu'Albert (1895-1952), bègue et très réservé, est couronné en mai 1937 sous le nom de George VI. Il n'en sera pas moins un grand roi et saura stimuler le moral de ses sujets aux pires heures de la Seconde Guerre mondiale. Son frère aîné Édouard VIII était pourtant monté sur le trône d'Angleterre en janvier 1936. Mais quelques mois plus tard, c'est le coup de théâtre : pour pouvoir épouser sa maîtresse Wallis Simpson, qui aux yeux de la cour présente le double inconvénient d'être américaine et deux fois divorcée, le roi abdique au profit de son frère cadet.

Le palais de toute une nation

Une maison devenue palais royal

C'est à son premier propriétaire, le duc de Buckingham John Sheffield, que le palais doit son nom. Mais on ne parle encore que de Buckingham House (maison Buckingham) lorsque le roi George III l'acquiert, en 1762, pour en faire la demeure privée de son épouse, la reine Charlotte. C'est leur fils, le très dépensier George IV, qui en en fait un somptueux palais en ajoutant trois ailes au manoir d'origine. Son successeur, Guillaume IV, boude un peu les lieux mais fait poursuivre les travaux de construction et d'aménagement. Finalement, Buckingham Palace deviendra résidence officielle de la couronne en 1837, avec l'accession au trône de Victoria.

Située dans le palais, la galerie de la Reine (Queen's Gallery) abrite des expositions temporaires de la Collection royale.

Photographie ancienne d'un salon du palais de Buckingham.

Le général de Gaulle à Buckingham Palace

Au cours de son très long règne, Élisabeth II a reçu à Buckingham Palace la plupart des grands de ce monde. Mais sans doute la visite du général de Gaulle en avril 1960, est-elle, plus que d'autres, restée gravée dans sa mémoire. Très ému de retrouver la capitale britannique, où il avait débarqué en parfait inconnu après la défaite de 1940, pour organiser la résistance française, le président français y reçoit à son arrivée un accueil triomphal : plus de 100 000 personnes se pressent pour l'acclamer sur le parcours reliant la gare Victoria, où l'attend la reine, jusqu'au palais de Buckingham. Du jamais vu pour un chef d'État étranger ! Le soir même, au palais, la reine remet au général le collier de l'ordre de Victoria, l'une des plus hautes distinctions britanniques. Échange de bons procédés : la veille, la France avait octroyé, à titre posthume, la croix de la Libération à George VI.

Le roi et son Premier Ministre

Le 10 mai 1940, Adolf Hitler lance à l'ouest la grande offensive qui le rendra rapidement maître de la Belgique, des Pays-Bas et de la France. Quelques heures plus tard, le Premier ministre anglais Neville Chamberlain, dont la politique est discréditée, se rend au palais de Buckingham pour présenter sa démission à George VI. Il lui conseille de nommer Winston Churchill à sa place. Partisan, avant le conflit, d'un apaisement avec l'Allemagne, le roi a longtemps considéré Churchill comme un impétueux va-t-en-guerre. Mais la situation a bien changé. George VI suit donc la recommandation de Chamberlain. Il n'aura pas à le regretter, tant sera capital le rôle joué par Churchill dans la lutte qui conduira jusqu'à la victoire finale. Les deux hommes, du reste, deviendront rapidement très proches, au point que durant toute la durée des hostilités, les très protocolaires visites du Premier Ministre à Buckingham Palace se transformeront souvent en de longues discussions à bâtons rompus.

George VI et son épouse, la reine consort Élisabeth, photographiés au palais en 1942.

Buckingham Palace sous les bombes

Ayant refusé d'aller se réfugier au Canada comme on le lui avait suggéré, c'est à Londres, auprès du peuple britannique, que la famille royale a traversé les terribles épreuves de la Seconde Guerre mondiale. Au mépris du danger. Car pendant les longs mois que dure la bataille d'Angleterre, les bombardements ravagent la capitale britannique. George VI et son épouse Élisabeth ne ménagent pas leur peine et vont tous les jours aider et soutenir les victimes. Eux-mêmes ne sont pas à l'abri : Buckingham Palace, où ils continuent à résider durant la journée (ils passent alors les nuits au palais de Windsor), constitue une cible privilégiée et hautement symbolique qui sera frappée par les bombes à sept reprises au moins. L'une d'entre elles, en septembre 1940, détruira la chapelle et fera une victime. Mais rien n'entamera la détermination du roi…

Un lieu de joie et de peine

S'il est un balcon célèbre dans le monde, c'est bien celui qui s'avance au centre de la façade principale du palais de Buckingham. Car c'est de là que la famille royale a pris l'habitude de se montrer au peuple lors des événements marquants de l'histoire du pays et de la Couronne. Ainsi, le 8 mai 1945, ils sont des milliers à venir acclamer George VI, sa famille et Winston Churchill, et fêter avec eux la fin de la Seconde Guerre mondiale. Et puis, il y a les mariages, comme celui du prince Charles et de lady Diana, le 29 juillet 1981, ou celui de leur fils, le prince William, avec Kate Middleton, le 29 avril 2011. Mais Buckingham Palace est aussi un lieu de communion populaire à l'occasion de grands drames : qu'on se rappelle, juste après la mort tragique de lady Diana le 31 août 1997, les dizaines de milliers d'admirateurs en pleurs venus déposer à sa mémoire des brassées de fleurs au pied des grilles du palais …

La famille royale au balcon du palais de Buckingham le jour du couronnement de George VI, le 12 mai 1937.

La Cité interdite et Puyi

Durant près de cinq siècles, la Cité interdite, bâtie au cœur de Pékin, aura été le centre sacré de l'empire du Milieu. Le dernier empereur de Chine, Puyi, a dû quitter ses murs contraint et forcé, en 1924.

Dernier empereur chinois, Xuantong (1906-1967), plus connu sous le nom de Puyi, n'aura en réalité jamais véritablement régné. Monté à moins de trois ans sur le trône d'un empire chinois en proie aux troubles, il doit abdiquer en 1912. Après avoir été rétabli dans ses fonctions en 1917 pour quelques jours seulement, il redevient empereur en 1932, mais cette fois d'un État fantoche, le Mandchoukouo, créé par les Japonais sur le territoire chinois de la Mandchourie, qu'ils viennent d'envahir. Fait prisonnier par les Soviétiques en 1945, Puyi sera extradé en 1950 vers la Chine , où il subira de longues années de « camp de rééducation ». Après sa libération, il finira sa vie à Pékin en simple citoyen.

Haute d'une dizaine de mètres, la muraille de la Cité interdite n'est percée que de quatre portes dont celle, au nord, de la Prouesse divine (à gauche).

Le trône du palais de l'Harmonie parfaite, où l'empereur travaillait et où il se préparait avant les cérémonies.

Le symbole d'un pouvoir absolu

Le grand œuvre de Yongle

En 1407, Yongle, troisième empereur de la dynastie Ming, décide de transférer le siège du pouvoir de Nankin à Pékin. Au cœur de la cité, officiellement proclamée capitale de l'empire en 1421, il va faire bâtir un gigantesque complexe palatial de 72 hectares, digne du souverain de l'empire du Milieu, le « Fils du Ciel ». Titanesques, les travaux de construction de la Cité interdite, véritable ville dans la ville, vont mobiliser près de 200 000 ouvriers et durer de 1407 à 1420.

Un fabuleux ensemble de palais

Immense quadrilatère entouré de douves de 50 mètres de large, la Cité, où résideront tous les successeurs de Yongle, ne connaîtra guère de modifications au cours de son histoire. Sa couleur, le pourpre, celle de l'étoile polaire située au centre de l'univers selon la cosmogonie chinoise, est également symbole de bonheur et de joie. Abrités derrière les remparts de la Cité, les cours et les palais se succèdent selon un agencement symétrique et complexe. Les espaces consacrés aux activités politiques et cérémonielles y étaient nettement distincts de ceux réservés à la vie privée. Selon une légende, la Cité compterait 9 999 salles et pièces, le 9 étant le nombre de la plénitude et du Yang. En réalité, elle en compte « seulement »… 8 886 !

La fin des Ming

Le 25 avril 1644, alors que Pékin est assiégée par les troupes de Li Zicheng, un berger qui a pris la tête d'une rébellion paysanne, l'empereur Chonghzen se pend sur la colline du Charbon, au nord de la Cité interdite. Ainsi disparaît la dynastie Ming, qui aura régné sur la Chine pendant près de trois siècles. Li Zicheng montera sur le trône, mais l'armée mandchoue des Qing, qui marchait elle aussi sur Pékin, va très rapidement l'en déloger. Et le 30 octobre, le jeune Shunzhi sera proclamé « Fils du Ciel », fondant ainsi la dynastie Qing. Celle-ci ne s'éteindra qu'en 1912, avec l'abdication de Puyi.

La Cité interdite vue depuis la colline du Charbon, sur laquelle Chonghzen s'est pendu. Cette colline, l'un des rares éléments de relief de Pékin, a été créée artificiellement avec la terre récupérée lorsque les douves de la Cité ont été creusées.

Une ville dans la ville

Épouses et concubines impériales, membres de la cour, servantes et serviteurs à foison (dont un grand nombre d'eunuques), fonctionnaires en tous genres chargés de la gestion de l'empire… On estime qu'à la fin du XVIIIe siècle, à l'apogée de la dynastie Qing, près de 10 000 personnes habitaient la Cité interdite, auxquelles venaient s'ajouter beaucoup d'employés venus de l'extérieur. Sans même parler du millier de soldats chargés de garder cette immense cité-palais !

Durant la révolution culturelle, ces étudiants et leurs professeurs défilent sur l'immense place Tian'anmen (ou de la Paix céleste), qui s'étire devant la monumentale porte sud de la Cité interdite (à gauche).

Une prison dorée

Pour la plupart de ses prédécesseurs, qui y ont mené une vie ritualisée à l'extrême, la Cité interdite aura été un symbole quasi inégalé d'autorité divine, de puissance et de pouvoir. Pour Puyi, elle aura surtout été une prison. En février 1912, l'enfant est contraint d'abdiquer. Mais en vertu d'un accord signé entre la maison impériale et le nouveau pouvoir républicain, il conserve son titre – purement honorifique – d'empereur. Il lui est donc interdit de quitter la Cité. La partie sud de celle-ci étant occupée par les nouveaux dirigeants, c'est dans le palais de la Nourriture, dans l'angle nord-est, qu'il va demeurer de longues années durant. Puis, de nouveaux troubles ayant éclaté, Puyi sera purement et simplement expulsé de la Cité impériale en 1924.

Au cœur de la Cité interdite, différents bâtiments avec leurs colonnades rouge pourpre et leurs toits caractéristiques.

La Maison-Blanche et John F. Kennedy

La Maison-Blanche a accueilli dans ses murs presque tous les présidents des États-Unis. Certains de ces présidents sont aujourd'hui oubliés. D'autres, tel John Fitzgerald Kennedy, ont marqué l'histoire, sans doute à jamais...

La Maison Blanche est à la fois la résidence officielle et le principal lieu de travail du président des États-Unis. Son célèbre portique sud a été ajouté à l'édifice en 1824.

Élu en novembre 1960, John Fitzgerald Kennedy (1917-1963) a passé à la Maison-Blanche presque trois ans durant lesquels, en pleine guerre froide, il s'est efforcé de contenir par tous les moyens l'avancée du communisme. Son charisme et son style énergique en ont fait l'un des personnages les plus marquants du XXe siècle. Sa fin tragique aussi, probablement. Nul n'ignore que le plus jeune président de l'histoire des États-Unis a été assassiné le 22 novembre 1963 à Dallas, dans des circonstances encore mal élucidées.

Au centre du monde

Quand Versailles inspire Washington

En 1790, Georges Washington, premier président des États-Unis, charge le Français Pierre Charles L'Enfant d'imaginer les plans de la capitale du pays. Une capitale destinée à incarner la grandeur de la jeune démocratie américaine… mais dont l'agencement sera directement inspiré du plus grand symbole de la monarchie absolue, Versailles, où L'Enfant a passé sa jeunesse ! À ceci près que la place centrale, occupée à Versailles par le palais du Roi-Soleil, sera ici réservée au Capitole, siège du pouvoir du peuple. L'emplacement de la résidence du président, à l'extrémité d'un axe transversal, correspondra exactement à celui du Grand Trianon. Georges Washington supervisera en personne le chantier de construction de l'édifice, conçu par l'architecte irlandais James Hoban. Mais les travaux, commencés en 1792, ne prendront fin qu'en 1800. C'est donc à John Adams, élu en 1797, que reviendra l'honneur d'être le premier occupant de la Maison-Blanche.

Le Bureau ovale, centre névralgique

Comptant aujourd'hui quelque 132 pièces distribuées sur 5 000 m^2, la Maison-Blanche a connu maintes transformations au cours de son histoire. L'une des plus importantes remonte au début du XXe siècle. En 1902 en effet le président Theodore Roosevelt décide d'assigner le second étage à sa nombreuse progéniture (il a six enfants). Il fait donc construire, sur le côté ouest de la Maison-Blanche, une extension dans laquelle il installe son bureau. Censée être provisoire, cette aile Ouest va finalement rester. Mais dès 1909, elle est transformée par le président William Howard Taft, qui fait modifier l'intérieur du bureau présidentiel. Symbolisant à lui seul le pouvoir du président américain, le célébrissime Bureau ovale vient de naître. Dans les années 1930, il changera d'emplacement, sans pour autant quitter l'aile Ouest, sous laquelle le président dispose aujourd'hui d'une *situation room*, salle sécurisée foisonnant d'écrans d'où il peut gérer les crises en temps réel. Bâtie en 1942, l'aile Est de la Maison-Blanche cache en sous-sol un abri atomique, relié par un couloir souterrain au cabinet de travail du Président.

Le prestigieux Bureau ovale où le président des États-Unis travaille à Washington. Ce bureau sert aussi de cadre solennel aux discours télévisés du président.

Vue de la résidence présidentielle peu après l'incendie provoqué par les troupes anglaises.

Le feu à la Maison-Blanche

On imagine sans mal que, depuis plus deux siècles, un nombre incalculable de décisions ont été prises dans le secret de la Maison-Blanche. Certaines d'entre elles ont probablement changé la face du monde. Celle prise par James Madison, le 18 juin 1812 aura eu de grandes conséquences pour… la Maison-Blanche elle-même ! Ce jour-là le président signe dans le Salon vert une déclaration de guerre contre le Royaume-Uni, dont les États-Unis convoitent les territoires canadiens. Cette « guerre de 1812 » se soldera par un statu quo, en décembre 1814. Mais quelques mois plus tôt, elle aura entraîné le bombardement de Washington par les Anglais et l'incendie de la résidence présidentielle. Celle-ci sera en partie reconstruite et, pour cacher les traces de suie, on peindra les murs en blanc. C'est ainsi que la maison, autrefois grise, deviendra blanche !

Tensions à la Maison-Blanche…

Le 14 octobre 1962, alors que la guerre froide bat son plein, un avion espion américain découvre que les Soviétiques sont en train d'installer des missiles nucléaires sur l'île de Cuba, à quelques dizaines de kilomètres des côtes des États-Unis. Le 16, John Kennedy, stupéfait, est informé de la situation. Mais que faire ? Attaquer les sites au risque de provoquer une guerre nucléaire avec l'URSS ? Ou ne rien faire et ainsi laisser les États-Unis sous la menace des missiles soviétiques ? Terrible dilemme.

… qui aboutiront au téléphone rouge

Aidé par le comité d'experts qu'il a immédiatement constitué à la Maison-Blanche, Kennedy décide finalement de prononcer à la télévision, le 22 octobre, un discours des plus fermes : laissant planer la menace d'une escalade nucléaire en cas de refus, il demande aux Soviétiques de retirer leurs missiles. Le 28, au terme d'un suspense insoutenable, le président soviétique Nikita Khrouchtchev accède finalement à la demande des États-Unis. En échange, ceux-ci s'engagent à ne pas envahir Cuba. Le monde est passé tout près d'une troisième guerre mondiale. Pour éviter qu'elle ne finisse par se produire, les gouvernements américain et soviétique vont décider, au sortir de cette crise majeure, d'installer une ligne, le « téléphone rouge » reliant directement la Maison-Blanche au Kremlin, à Moscou.

Le 22 octobre 1962, le président Kennedy s'adresse aux américains depuis son bureau à la Maison blanche.

La patte de Jackie Kennedy

Si les premières dames qui se sont succédé à la Maison-Blanche ont toutes imprimé leur marque personnelle, c'est Jackie Kennedy qui a offert à l'édifice ses derniers embellissements d'envergure. Souhaitant rendre à la demeure son aspect historique, l'épouse de JFK, aidée du décorateur d'intérieur français Stéphane Boudin, a ainsi aménagé le salon bleu en style Empire français, le salon ovale jaune en style Louis XVI, le salon vert en style fédéral, le salon rouge en style Empire américain…

Vue du salon rouge.

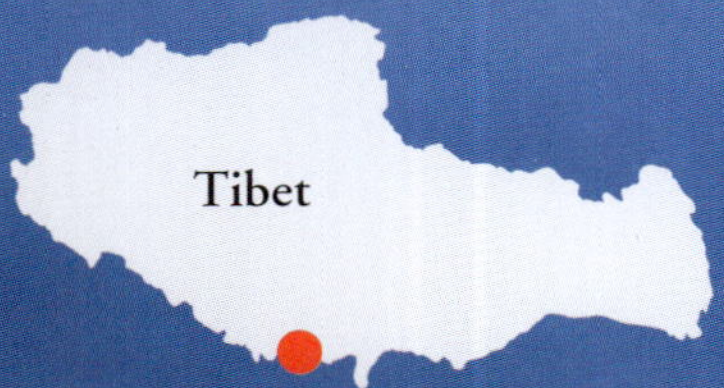

Le Potala et le quatorzième dalaï-lama

Lieu sacré du bouddhisme tibétain, le palais du Potala aura été, durant deux siècles, le siège du gouvernement tibétain et le principal lieu de résidence des dalaï-lamas. Mais en 1959 le quatorzième d'entre eux, Tenzin Gyatso, sera contraint de le quitter précipitamment…

Le très imposant édifice se compose principalement d'un palais blanc, où résidaient les dalaï-lamas, et d'un palais rouge, entièrement voué à la prière et à l'étude religieuse.

Né en 1935, Tenzin Gyatso a deux ans lorsqu'il est officiellement reconnu comme la réincarnation de Thubten Gyatso, le treizième dalaï-lama. Intronisé en 1950 chef spirituel et temporel du Tibet, il fuit, en 1959, son pays annexé par la Chine et installe son gouvernement en exil à Dharamsala, en Inde. Dès lors, cet apôtre de la non-violence ne cessera de plaider à travers le monde pour l'indépendance du Tibet, puis pour une réelle autonomie. Préférant se consacrer pleinement à son rôle de chef spirituel, le quatorzième dalaï-lama a abandonné, en 2011, ses fonctions politiques.

Du palais à l'exil

La naissance du Potala

Cinquième dalaï-lama mais premier d'entre eux à assumer à la fois le pouvoir spirituel et temporel, Ngawang Lobsan (1617-1682) a profondément marqué l'histoire du Tibet. Il a su, pour la première fois depuis des siècles, en faire un pays influent et affranchi de la tutelle mongole. Ayant élevé Lhassa au rang de capitale, c'est lui, « le Grand Cinquième », qui en 1645 y fait bâtir le palais du Potala, au sommet de la « montagne rouge » où s'élevait autrefois un palais impérial. Le moine souverain s'y installe trois ans plus tard avec son gouvernement. Monumental, le Potala (que les dalaï-lamas successifs ne cesseront d'agrandir) acquiert rapidement une grande renommée dans tout le monde asiatique, et même au-delà.

Une grande salle d'assemblée au sein du Potala.

La difficile succession du Grand Cinquième

En 1682, Ngawang Lobsan s'éteint au Potala. Mais de peur que la nouvelle n'entraîne des divisions au sein de l'État, le *desi* (régent) Sangye Gyatso n'annonce pas cette disparition. Officiellement, le dalaï-lama a commencé une longue retraite spirituelle. Pendant ce temps, c'est le *desi* lui-même qui règne en maître au Potala et sur le Tibet. La supercherie ne sera révélée qu'en... 1696 ! L'année suivante, Tsangyang Gyatso, sixième dalaï-lama, est intronisé au Potala. Mais le jeune homme refuse de prendre des vœux monastiques complets, préférant à la méditation la poésie et les femmes, qu'il retrouve discrètement dans les tavernes de Lhassa... Sous prétexte de mettre de l'ordre dans les affaires du pays, les Mongols, soutenus par l'empereur chinois Kangxi, finissent en 1706 par envahir le Tibet. Déposé, le dalaï-lama meurt la même année sur le chemin de l'exil. Commencent alors trente années de troubles à l'issue desquelles le Tibet se retrouvera placé pour près de deux siècles sous la tutelle chinoise.

Le Tibet dans la tourmente

Quand Tenzin Gyatso est intronisé au Potala, le 17 novembre 1950, son pays se trouve dans une situation critique. Considérant que le Tibet fait partie intégrante de la Chine, le nouveau pouvoir communiste chinois a en effet entrepris de le « libérer » du joug de l'impérialisme occidental. Devant l'avancée de l'Armée populaire de libération et en l'absence de réaction des pays occidentaux pourtant appelés à l'aide, le dalaï-lama part le 20 décembre se réfugier à Yatoung, non loin de la frontière indienne. Cinq mois plus tard, le 23 mai, une délégation tibétaine signe contre son gré, à Pékin, un « accord en 17 points » pour la « libération pacifique du Tibet ». Celui-ci devient, dès lors, une province de la Chine. Le dalaï-lama ne retourne au Potala qu'au mois d'août suivant. Officiellement, son pouvoir est intact, mais il est en réalité réduit à peau de chagrin : désormais, c'est bel et bien la Chine qui tire les ficelles.

Le palais blanc. Aujourd'hui, le Potala est devenu un musée.

De la révolte…

Au fil des années, la mainmise chinoise sur le Tibet ne cesse de s'accentuer, provoquant bientôt la révolte de plusieurs provinces, excédées par les réformes, les attaques contre les religieux et l'obligation de nourrir les troupes d'occupation. Début mars 1959, alors que les tensions sont de plus en plus vives, le dalaï-lama reçoit une étrange invitation à se rendre seul dans le quartier général chinois, près de Lhassa, pour y assister à une représentation théâtrale. Il refuse. Le 10 mars, pour éviter qu'il ne soit finalement enlevé par l'occupant chinois, des milliers de Tibétains se soulèvent et se massent au pied du Potala et du proche Norbulingka, résidence d'été du dalaï-lama.

Le Potala est bâti à 3 700 mètres d'altitude, au sommet d'une colline qui domine de 130 mètres la ville sacrée de Lhassa.

Un vrai pouvoir politique

Le treizième dalaï-lama Thubten Gyatso (1876-1933) a lui aussi connu l'exil. En 1904, alors que le Tibet vient d'être envahi par les Britanniques, il fuit pour la Mongolie. De retour au Potala en 1909, ce fin politicien entre immédiatement en conflit avec les Chinois, qui ont entre-temps placé le Tibet sous leur emprise. Un nouvel exil s'ensuit, vers l'Inde britannique cette fois. La chute de la dynastie des Qing, en Chine, permet au dalaï-lama de rentrer au Potala en janvier 1913. C'est de là que, le 14 février suivant, il prononce un discours constituant une véritable déclaration d'indépendance du Tibet. Pour la première fois depuis le Grand Cinquième, le dalaï-lama détient réellement le pouvoir politique au Tibet.

… à la fuite

Cependant la menace se précise. Alors, dans la nuit du 16 au 17 mars, le dalaï-lama, déguisé en laïc, s'enfuit de Lhassa avec son entourage et des résistants prêts à tout pour le défendre. Le long et périlleux voyage à pied et à cheval jusqu'à la frontière indienne durera deux semaines. Quant à l'implacable répression chinoise du soulèvement tibétain, elle fera des dizaines de milliers de victimes.

Cette photographie prise le 9 mai 1959 montre des « rebelles » tibétains quittant le Potala pour se rendre aux troupes chinoises.

Et aussi...

Le château d'Édimbourg (Édimbourg, Écosse)

Édifié, semble-t-il, à partir du XIe siècle, sur un volcan éteint, le château d'Édimbourg a connu une histoire des plus mouvementées, à l'image des relations anglo-écossaises dont il a souvent été un des enjeux majeurs. Assiégé, occupé par les Anglais à de nombreuses reprises, il sert tour à tour de résidence pour les rois d'Écosse, de bastion, de caserne et même de dépôt d'armes. En 1566, Marie Stuart y donne naissance au futur Jacques VI. C'est encore là que, l'année suivante, la reine des Écossais (et ancienne reine de France) vient se réfugier, après s'être échappée du château de Loch Leven où elle avait été emprisonnée. Maintes fois transformé, le château comporte de nombreux édifices, dont la petite chapelle Sainte-Marguerite, qui aurait été bâtie vers 1130 par le roi David Ier en mémoire de sa mère, Marguerite d'Écosse.

Le Castel Nuovo (Naples, Italie)

Treize ans après avoir accédé au trône et transféré de Palerme à Naples la capitale du royaume de Sicile, Charles d'Anjou décide, en 1279, de s'y faire bâtir un nouveau château, à proximité de la mer. Les travaux de construction de ce « castel nuovo » s'achèvent trois ans plus tard. Au cours de son histoire, la forteresse a connu de multiples sièges. Elle a aussi été le théâtre de nombreux événements. Parmi eux, la démission du pape Célestin V en 1294, ou l'arrestation surprise et l'exécution sommaire par Ferdinand Ier, en 1486, de barons qui complotaient contre lui. Le Castel Nuovo a également subi de nombreuses transformations au fil des siècles. L'arc de triomphe ornant son entrée principale célèbre l'entrée à Naples, le 26 février 1443, d'Alphonse V d'Aragon qui venait de conquérir le royaume aux dépens de René d'Anjou.

Le château de Malbork (Malbork, Pologne)

Fondé vers 1190 à Saint-Jean d'Acre, l'ordre militaire des chevaliers teutoniques est encore en pleine expansion quand, vers 1280, il fait édifier en Poméranie une commanderie appelée en allemand Marienburg, le « château de Marie » (Malbork, en polonais). En 1309, le quinzième grand-maître Siegfried von Feuchtwangen décide d'en faire le siège de l'ordre. Des travaux s'imposent donc qui, à la faveur des agrandissements successifs, vont faire de la commanderie de Malbork un des plus vastes ensembles fortifiés d'Europe. Symbole de la puissance de l'État monastique des chevaliers teutoniques, cette forteresse-monastère en brique résistera à plusieurs sièges. Elle renferme notamment trois châteaux, un palais et plusieurs églises.

Le château de Caernafon (Caernafon, pays de Galles)

Les Romains, déjà, avaient élevé un fort près du détroit du Menai pour contrôler le nord-ouest du pays de Galles. Plus tard, le lieu prendra le nom de Caernafon, et les seigneurs gallois de Gwynedd y dresseront à leur tour un ouvrage. En 1282, le roi d'Angleterre Édouard Ier conquiert le pays de Galles. C'est tout naturellement le site de Caernafon qu'il choisit pour y élever une imposante forteresse destinée à asseoir et symboliser le pouvoir anglais. Deux ans plus tard, son fils, le futur Édouard II, y voit le jour. Or, on raconte que, les Gallois refusant toujours la domination anglaise, le roi leur avait promis de mettre à leur tête un natif du pays de Galles ne parlant pas anglais. Ce qui était précisément le cas du nouveau-né… promptement proclamé prince de Galles, comme le seraient dorénavant tous les premiers-nés mâles de la famille royale anglaise.

Le château d'Este (Ferrare, Italie)

En 1385, épuisée par la famine et écrasée par les taxes, la population de Ferrare se révolte. Jugé responsable de la situation, le chancelier Tommaso da Tortona est pris à partie et tué par la foule en colère. La rébellion est matée, mais Nicolas II d'Este a eu si peur qu'il décide de construire une forteresse pour protéger sa famille, qui règne sur la ville depuis plus d'un siècle. L'imposant édifice est alors bâti autour d'une tour de guet préexistante. Il deviendra le symbole du pouvoir absolu et despotique de la famille d'Este sur Ferrare. Mais elle ne s'y installera définitivement qu'en 1476. En 1598, Alfonso II d'Este étant mort sans héritier, la ville et son territoire passeront sous le contrôle du Saint-Siège. Dès lors, la forteresse sera le lieu de résidence des légats cardinaux.

Le fort de Lahore (Lahore, Pakistan)

Détruit et reconstruit à de nombreuses reprises par les premiers Moghols, le fort de Lahore a commencé à être élevé, sous sa forme actuelle, pendant le règne d'Akbar le Grand (1542-1605). Il connaîtra par la suite de nombreux ajouts et embellissements. Ensemble militaire hautement stratégique, le fort, l'un des plus beaux de l'empire moghol, est scindé en deux zones bien distinctes : l'une administrative, avec des édifices réservés aux fonctionnaires et à l'armée ; l'autre, résidentielle, avec palais somptueux, pavillons et jardins. Il renferme également une mosquée. Son portail, très imposant, permettait le passage des colonnes d'éléphants royaux. Après qu'en 1584, Akbar le Grand eut transféré sa cour à Lahore, le fort abrita son gouvernement durant 14 ans.

Le château de Fredericksborg (Hillerød, Danemark)

En 1560, Frédéric II du Danemark entre en possession d'un manoir à Hillerød. Jugeant la demeure trop modeste, il entreprend des travaux d'agrandissement. Le nouveau château lui devra son nom, mais c'est au fils de Frédéric, Christian IV, qu'il devra de figurer parmi les plus somptueux palais d'Europe. Commencés en 1599, les travaux d'embellissement menés par Christian se poursuivront jusqu'en 1620. Symbole de la puissance des souverains danois, le château et sa chapelle ont été le théâtre de nombreux couronnements.
Ce chef-d'œuvre de la Renaissance danoise, presque entièrement détruit par un incendie en 1859 alors que le roi Frédéric VII s'y trouvait, a été rapidement reconstruit. Aujourd'hui, les mariages royaux continuent à être célébrés dans sa chapelle.

Le château de Charlottenburg (Berlin, Allemagne)

À partir de 1695, Sophie Charlotte, épouse de Frédéric III, prince-électeur de Brandebourg, se fait élever un petit palais baroque près de Berlin. Il ne s'agit alors qu'une simple résidence d'été. Mais après l'accession de Frédéric au trône de Prusse en 1701 (sous le nom de Frédéric Ier), le lieu devient un somptueux palais agrémenté de beaux jardins. Rebaptisé Charlottenburg par Frédéric après la mort de son épouse, en 1705, ce château est de nouveau agrandi et aménagé sous les règnes de Frédéric II – qui le délaisse toutefois au profit de son tout proche palais de Sanssouci – puis de Frédéric-Guillaume II. Lequel en fait une résidence d'hiver que les souverains fréquenteront régulièrement durant plusieurs décennies encore. Gravement endommagé durant la Seconde Guerre mondiale, le château a été par la suite entièrement restauré.

Le Palais royal (Madrid, Espagne)

Résidence officielle de la famille royale espagnole, le Palais royal de Madrid s'élève sur les lieux où, au IXe siècle, se dressait une forteresse islamique bâtie par Mohammed Ier, émir de Cordoue. Sous le règne de Philippe II, au XVIe siècle, celle-ci avait été remplacée par un château. Mais en 1734, l'Alcazar royal brûla. Le roi Philippe V décida donc de faire bâtir au même emplacement un nouveau palais dont les travaux durèrent de 1738 à 1755. Avec ses quelque 135 000 m² de superficie et environ 3 400 pièces, ce palais agrémenté de somptueux jardins est l'un des plus grands d'Europe occidentale. Aujourd'hui, la famille royale réside au palais de la Zarzuela, en périphérie de la capitale espagnole. Le Palais royal de Madrid étant réservé aux cérémonies officielles.

Le Grand Palais (Bangkok, Thaïlande)

Véritable cité fortifiée dressant ses toits multicolores et pentus sur la rive orientale de la Chao Phraya, le Grand Palais a été édifié par le roi Rama Ier à partir de 1782, année de la fondation de Bangkok au cœur de laquelle il s'élève. Résidence royale, mais également siège du gouvernement durant 150 ans, il s'étend sur une surface de plus de 218 hectares et renferme une centaine d'édifices plus fastueux les uns que les autres. Parmi eux, le palais d'Amarin Vinichai où le roi, assis sur un trône d'or, recevait les ambassadeurs, et le palais de Boromabiman, où ont vécu nombre de souverains thaïlandais. L'enceinte du Grand Palais abrite aussi le Vat Phra Kaew, le temple du Bouddha d'émeraude, le plus sacré de Thaïlande.

Crédits photos

Corbis

p8/9 Tupungato ; p9d Adam Woolfitt ; p10(bg) Bettmann ; p10/11(h) Christophe Boisvieux ; p11(b) Ric Ergenbright ; p12/13 Atlantide Phototravel ; p14(hg) Philippe S. Giraud/Terres du Sud/ Sygma ; p14(bd) Gail Mooney ; p15(b) Philippe S. Giraud/Terres du Sud/ Sygma ; p16/17 Atlantide Phototravel ; p18(bg) Dusko Despotovic/Sygma ; p18(hd) Sylvain Sonnet ; p19(h) Patrick Ward ; p19(bd) John and Lisa Merrill ; p20/21 Philippe Body/Hemis ; p21(bd) et reprise p5 Stapleton Collection ; p22(hg) Sylvain Sonnet ; p23(hd) Sylvain Sonnet ; p24/25 Sandra Raccanello/Grand Tour/Grand Tour ; p25(hd) Alfredo Dagli Orti/The Art Archive ; p31(bd) Alessandra Benedetti ; p34(h) Tim Graham/Sygma ; p36/37 Alessandra Albanese/ SOPA ; p37(md) Michael Nicholson ; p38(hd) Sylvain Sonnet ; p39(h) Florian Monheim/Arcaid ; p40/41 Justin Foulkes/SOPA ; p42(hg) Atlantide Phototravel ; p42(bd) Massimo Listri ; p43(hg) Massimo Listri ; p44/45 Gavin Hellier/JAI ; p46(bg) Liba Taylor ; p46(hd) Dallas and John Heaton/Free Agents Limited ; p47(b) Diego Lezama Orezzoli ; p47(hd) ; p48/49 Image Source ; p50/51(h) Wolfgang Kaehler ; p50(bd) Scheufler Collection ; p51(hd) Jean-Pierre Lescourret ; p51(bg) Miroslav Zajíc ; p52/53 Massimo Listri ; p53(hd) Alinari Archives ; p54(bg) Guido Baviera/Grand Tour ; p54/55(h) Mimmo Jodice ; p55(hd) ; p56/57 Sylvain Sonnet/Hemis ; p58(bg) Ludovic Maisant ; p59(bg) Sandro Vannini ; p59(hd) The Art Archive ; p64/65 Ralph Talmont/Aurora Photos ; p66(hd) Adam Woolfitt ; p66(bg) Sylvain Sonnet ; p67(hd) Richard T. Nowitz ; p67(bg) Lebrecht Music & Arts ; p68/69 Atlantide Phototravel ; p72/73 Sylvain Sonnet ; p73(bd) Corbis ; p74(bg) Sean Sexton Collection ; p74(hd) John Harper ; p75(hd) Hulton-Deutsch Collection ; p76/77 Mei Sheng/Xinhua Press ; p77(h) Bettmann ; p78(hg) Xiaoyang Liu ; p78(bg) Xiaoyang Liu ; p79(hg) Bettmann ; p80/81 Ocean ; p81(bd) Bettmann ; p82(bg) James Hoban ; p82/83 Bettmann ; p83(bg) Bettmann ; p84(md) Bettmann ; p85(h) Pascal Della Zuana/Sygma ; p86(mg) Craig Lovell ; p87(b) Bettmann ; p87(m) Gavin Hellier/Robert Harding World Imagery ; p88(h) Doug Pearson/JAI ; p88(b) Atlantide Phototravel ; p89(b) Billy Stock/Robert Harding World Imagery ; p90(b) Danny Lehman ; p91(h) Guenter Rossenbach ; p91(b) Atlantide Phototravel ; p92(h) Rudy Sulgan ; p92(b) Luca I. Tettoni ; couverture (palais de Caserte) Mimmo Jodice.

Leemage

p12(g) Costa ; p15(hd) Lee ; p17(bd) PrismaArchivo ; p22(hd) youngtae ; p23(bg) Photo Josse ; p26/27(h) Luisa Ricciarini ; p26(b) Ravenna ; p27(hd) Bianchetti ; p29(hd) Costa ; p30(hg) Vatican Pool/AGF ; p31(md) Costa ; p38(bg) Lee ; p39(bd) Gusman ; p41(h) Electa ; p43(bd) Costa ; p44(bg) FineArtImages ; p49(h) DeAgostini ; p60/61 Atedia ; p62(h) Artedia ; p62(b) Leemage ; p63(hd) Artedia ; p63(bd) Artedia ; p69(md) et reprise p4 DeAgostini ; p70(bg) Aisa ; p70(hd) Luisa Ricciarini ; p71(hd) Cuboimages ; p71(bg) Luisa Ricciarini ; p75(bg) MP/Portfolio ; p90(h) Cuboimages.

Istockphoto

p27(bd) Danin Tulic ; p28/29 pkruger ; p30(bd) chrisho ; p31(hg) Galina Mikhalishina ; p32/33 Martin Dimitrov ; p34(b) Gelia ; p35(b) Luke Daniek ; p55(b) Perseomed ; p57(hd) Duncan Walker ; p58(hg) Claudio Giovanni Colombo ; p61(hd) Georgios Kollidas ; p79(md) Izabela Habur ; p79(bd) ninglu ; p84/85 shuo liu ; p86/87(h) Johan Sjolander ; p89(h) ewg3D.

Wikimedia Commons

p33(bd) Lesseur, musée polonais de Rapperswil, Suisse ; p35(b) Matejko, musée national de Cracovie ; p65(b) Wikimedia Commons DP.

300, rue Léon-Joulin, 31101 Toulouse Cedex 9, France.

Mise en page intérieure : Georges Rivière
Gravure : MPP Toulouse
Merci à notre stagiaire Alexandra Dirand pour son aide précieuse.

Dépôt légal : 3e trimestre 2012 – ISBN : 978.2.7459.5463.3
Imprimé en Espagne par Graficas Estrellas